少年发声

孩子们倾吐的树洞

陈瑜 / 著

中信出版集团 | 北京

图书在版编目（CIP）数据

少年发声 / 陈瑜著. -- 北京：中信出版社，
2021.7（2025.12重印）
ISBN 978-7-5217-3052-4

Ⅰ.①少… Ⅱ.①陈… Ⅲ.①青少年教育—家庭教育
Ⅳ.① G782

中国版本图书馆 CIP 数据核字（2021）第 066051 号

少年发声

著　　者：陈瑜
出版发行：中信出版集团股份有限公司
（北京市朝阳区东三环北路 27 号嘉铭中心　邮编　100020）
承 印 者：嘉业印刷（天津）有限公司

开　　本：880mm × 1230mm　1/32　　印　　张：10.75　　字　　数：210 千字
版　　次：2021 年 7 月第 1 版　　印　　次：2025 年 12月第 24次印刷
书　　号：ISBN 978-7-5217-3052-4
定　　价：48.00 元

前言 如果给孩子一个发声的机会……

我之所以开辟“少年发声”栏目，想到要去采访孩子，是因为有一天，在讲座直播前，我照例在报名的家长群内收集大家关心的问题，最后一统计，将近 1000 条。我打印出来逐条整理，发现那些问题都是围绕孩子们的各种不是、不堪、不可理喻，字里行间无不透露着家长们的无措、哀怨、焦虑、绝望。

我突然感到很气愤，因为内心里，我并不认同家长对孩子这样的“控诉”。在他们抛来这成百上千个“怎么办”的时候，我特别想问问：你们之前对孩子做了什么？我也特别想知道，如果给孩子一个发声的机会，他们会如何解释自己在父母眼中的“不是”“不堪”“不可理喻”？

所以，我希望有机会和孩子们直接对话。在这个社会不断就各种教育问题展开热议时，若听不到教育对象的声音，这其实不正常，也不合理。

中国教育走到今天，从孩子们的视角来看是一个什么样的状况？互联网时代的孩子，他们的成长诉求是什么？这两者之间匹配吗？孩子们的感受和思考，理当被听见、被尊重！

于是我在自己创办的“少年大不同”公众号上，发了一封给孩子们的邀约信，推销介绍自己是一个比较“好聊”的大人。

就这样，我遇见了一个又一个少年。

有主动联系我的，有父母推荐的，也有朋友介绍的，在对谈之前，我对他们中的绝大部分，一无所知。

是的，我没有做任何预设和挑选。

我们或见面，或通话，或完全用文字交流。

待到整理文稿时，方才发现孩子们来自五湖四海，覆盖各个学龄段，最小的小学一年级才读了两个月，最大的高中刚毕业。

他们有读书不费力就考年级前十的，也有受困于读写障碍、考试从来不及格的；有身旁的人都愿意帮他“成事儿”的学生干部、社团领袖，也有每周被妈妈用衣架抽两三次的“皮大王”；有和同桌一起在自习课上自残的名校学生，也有带领团队制作游戏视频的 UP 主；有深受焦虑症、抑郁症困扰，开学时曾爬上学校窗台的孩子，也有从五年级开始脱离学校，在家自学了 8 年的自学生……

我自己都不敢相信，这个没有被安排过的采访名单，如此多元！而我们的聊天内容涉及学校教育、家庭教育乃至社会教育的诸多方面，主题之广阔也是我始料未及的。

更让我意想不到的是这些孩子的丰富和深刻。感谢他们给予我如此的信任，允许我走进他们的内心，倾听他们的心声。

陈瑜

2021 年 5 月于上海

各界推荐

有幸看到陈瑜老师《少年发声》一书，心绪久久难以平静。感慨之余，真想为这本书点一个大大的赞！

孩子的教育是当今社会方方面面关注的热点。在很多场合谈论教育问题时，我能感受到家长们的焦虑，理解到老师们的苦心，学习到教育家们的理念，但很少听到孩子们的心声。

学校教育的主体是学生，教育的目的是让孩子们健康幸福地成长，将来可以承担起社会责任，今天的教育能否实现这样的初衷呢?

听听孩子们发自内心的感受，反省一下当下教育中的误区，思考如何为人父、为人母、为人师，《少年发声》中的孩子的话语，尤其是篇后的采访手记，会给我们很多启示。

——俞立中

上海纽约大学荣誉校长，

曾任华东师范大学校长、上海师范大学校长

教育生活中儿童的缺席、儿童的失声是一个严重问题，教育于是成为家长和教师对儿童单向规制和施压的过程。不断增多的中小学生心理疾病乃至自杀悲剧，揭示了这一病态现象。

让少年发声，让成人听见他们的声音，是尊重儿童、实现以儿童为中心的教育的开始。

陈瑜的这本书带了一个好头。

——杨东平

国家教育咨询委员会委员、国家考试指导委员会委员、

21 世纪教育研究院理事长

我没见过陈瑜，却喜欢她的书《少年发声》，因为父母与教师最需要听到孩子的心声。其实，一切与少年儿童有关的事务，少年儿童都有权利参与，这不是一个选择而是法律原则。由此可见《少年发声》一书的特别价值。

——孙云晓

中国青少年研究中心研究员、家庭教育首席专家

读这本书，我的心情沉重又欣喜。沉重的是，孩子还那么小就承受了那么大的压力。欣喜的是，孩子的真实声音，终于能这样表达出来了。孩子是有个性的生命，他们有快乐，有悲伤，有幸福，有忧郁；生命中所应有的情感，他们都有，而且更丰富、更敏感。听到他们的真实声音，老师家长都应深思，更有爱地对待孩子，更平等地与孩子交流。孩子能按照他们的天生禀赋长成，这才是真正的教育。

——叶开

语文教育家、《对抗语文》作者

在喧嚣的“教育剧场”里，唯独缺乏孩子们的声音。感谢陈瑜为我们“打捞沉没的声音”，从教育管理部门到学校，从家长到教育工作者，所有关心教育的人都应该认真倾听。

——马国川

中国教育三十人论坛秘书长、《财经》杂志高级研究员孩子们反映出来的问题，挺让人痛心的。假如我们能经常让孩子们来表达一下他们对家庭教育的感受，让家长们能够听听孩子的心声，对照一下，可能会给家长带来触动，促进家长自身的改善，这对中国的家庭教育来说，具有重要的意义，也能起到良好的作用。

——陈默

著名儿童、青少年心理专家

直击式的采访很不易，陈瑜的勇气和爱心很难得。我把“少年发声”的文章转发给全体管理团队学习，也是希望老师们能够更加深入了解当下家庭教育的面貌和学生们的心理状态，更好地家校联动，陪伴孩子成长。

——龚德辉

华东师范大学附属双语学校校长、全国优秀教育工作者

目录

|少|年|发|声|

孩子们倾吐的树洞

每期对话一个孩子

他们是教育的主体

却是教育议题的缺席者

所以

“少年发声”，邀请少年发声

01

“努力”是我的护身符

小黎／女生／八年级／上海

因患焦虑症、抑郁症而休学在家的孩子越来越多，小黎是其中之一。

不去上学的每一天都很煎熬，娇小的小黎坐在我对面，垂着头："我昨天晚上梦到上一届成绩不好的学生，被扔到一个尸体堆里，我是这一届成绩不好的学生，也差点被扔到那个尸体堆里去了……"

我想象着那个梦境，感受它带来的恐惧。

小黎就读的初中，在上海绝对算得上头牌。她穿着校服来见我，宁死也不接受学校让她转学的建议。

9月刚开学时，小黎被妈妈逼着去上学，小黎曾想爬上学校的窗台，被巡逻的家长救了下来。

她服药将近半年，最近开始接受心理咨询，但依然没法看书，更不知道什么时候能回归常态。

小黎小小的身体里，很早就被植入了一套价值观。直言不讳地说，我期待听到它土崩瓦解的声响。

是的，这次访谈，我没能完全秉持“少年发声”客观呈现孩子心声的立场……

-1-

陈瑜 9 月的时候，为什么会去爬学校窗台？

小黎 开学第一天熬过去了，第二天，我觉得我要疯了，不想熬了！但我妈妈还是逼着我去上学，我怎么哭、怎么闹都没有用。当时想我就不活了，我今天就死在这个学校里，然后就爬上窗台，被巡逻的家长拉下来了。

陈瑜 你是想吓吓妈妈，还是……

小黎 真的想死！（流泪）其实也有吓吓妈妈的意思，如果有人把我拉下来，就算了；如果没人把我拉下来，我觉得跳下去也没什么。

陈瑜 你觉得没什么？对这个世界都没有一些贪恋吗？

小黎 （脱口而出）没有。

陈瑜 不觉得有什么美好的东西？

小黎 （脱口而出）没有！除了学习，都是不美好的东西，都是“不务正业”，但是我现在并没有在学习，所以我就是在不务正业，而且我再也回不到“务正业”的状态里去了。我一直都是个垃圾，所以我就想跳楼！（抽泣）

陈瑜 那有让你留恋的人吗?

小黎 （脱口而出）没有。

陈瑜 也没有? 家人呢? 爸爸、妈妈、妹妹……

小黎 我是超自私的一个人! 如果我死了，他们都有责任，他们每个人都逼过我。

别人想死，肯定都是想，我不要连累到身边的人；我想死的话，我要赶紧连累身边的人。

陈瑜 你打算怎么连累他们?

小黎 写日记。想死的前一周，就开始写日记，把罪过都往他们身上引，然后还要装得很无辜，“都是我不好，我应该听你们的”。

然后警方一看，就会说，“可能因为你们给她的压力太大了”。

陈瑜 想到这些，会有报复的快感吗? “我要让你们痛一痛”?

小黎 嗯。

陈瑜 但也只是想一想，还没有写日记?

小黎 嗯。

- 2 -

陈瑜 很多孩子从幼儿园开始就上很多课，你呢?

小黎 正常。大班开始学英语和数学，就是学一年级的内容，很轻松。

一、二年级我都过得挺顺利，成绩在班里排前几名。小学阶段前后一共参加过十几个补习班，在同学里面，算很少的。

陈瑜 但你成绩挺好的，应付学校的学习，应该没有问题吧？

小黎 有问题，有非常大的问题！

别的同学一本数学教辅书，已经来回刷了好几遍，我还没有开始做。课外很多题型，他们都知道、都熟悉，这个杯那个杯的比赛题目，他们一看就会做，我看了一脸懵。总之，他们学的比我多得多得多！

陈瑜 这是你几年级的感受？

小黎 二年级开始，然后三年级、四年级、五年级一直都是这样，包括现在也是这样。

陈瑜 班级同学里，补课最多的是什么情况？

小黎 一周可能要上七八个补习班，放学后晚上也有课，双休日全排满。基本上班里大部分同学都是这个状态。

陈瑜 你读的小学是抓得非常紧的重点学校吗？

小黎 一般般。正常人都在外面疯狂刷题，我算是非常轻松的，我甚至从来都没有做过课外作业。我当时懒，我妈妈很着急，但我一点都不着急。

陈瑜 你思想着急，行动不着急，但回到学校又会觉得，天哪，他们怎么什么都会，所以自己又很紧张？

小黎 嗯。

陈瑜 小学是从什么时候开始觉得有压力的?

小黎 从二年级下学期开始，班主任开始训话说:“马上就要三年级了，要考虑小升初的问题了。你们要在课外多学一点，不然小升初就考不到好初中；考不到好初中，就考不到好高中；考不到好高中，就考不到好大学；考不到好大学，就找不到好工作。”

陈瑜 那时候才二年级，这些话听在耳朵里是什么感受?

小黎 挺对的。

可能我们那个班主任比较“鸡血”一点，现在想起来很不舒服。比如说，下课的时候不让我们下楼，不让我们去操场。当时觉得真对，下课怎么可以去操场，当然是要坐在座位上乖乖写作业了。

上了初中之后，过了半年、一年才发现，小学的时候不让我们下楼，初中怎么就让我们下楼了呢?才觉得原来那些要求好像有点问题。

陈瑜 你想过班主任的“考不上××，就考不上××”的这套说法，可能也会有一些问题吗?

小黎 ……

陈瑜 有质疑过吗?

小黎 ……

陈瑜 你是认可的，对吧?

小黎 嗯。

陈瑜 现在你其实也是认可的?

小黎 嗯。

- 3 -

陈瑜 对于班主任灌输的这套价值观，爸爸妈妈是怎么说的?

小黎 那时，妈妈一直都在跟我说:“我们已经很轻松了，我们补的课很少。”我当时还傻傻地觉得我妈真好。没有做补课班的作业，我也会责怪自己，很愧疚。

我一直觉得我小学的时候太不努力了，一直都是这样想的，但最近我回忆了一下，感觉我妈妈好像要求很宽松，但其实她跟别的家长都是一样的!

现在她一直在跟我说:“当时是你自己要报补习班，我给你报了，结果你没有好好上，你在浪费我的钱。”其实我明明记得事实是这样的，我不想上补习班了，我妈说:“你真的不上这个补习班了吗?你不上，你就赶不上别人了。”

陈瑜 她这么说，你是什么感受?

小黎 挺对的。

陈瑜 那么多同学学得这么猛，感觉自己好像有点落后，同时又觉得自己很轻松，心里很自责——这个状态好纠结啊。

小黎 嗯，一直是这样，到初中也是这样子。

陈瑜 老师、同学、妈妈，他们从不同的方向给你压力，可以这么说吗？

小黎 除了我妹妹之外，其他人都在给我压力！所有的人，包括我补习班的同学、补习班的老师，当时我接触到的所有所有所有人，都在给我压力！

陈瑜 有没有精神上轻松的时刻？

小黎 没有，会觉得是自己的问题。

陈瑜 爸爸给你压力吗？

小黎 和我妈差不多吧，也是常常说你要好好写作业，不然就考不上好初中。

陈瑜 这简直就是一个魔咒。

小黎 初中时，我说我总归不会考不上大学吧，我妈说："万一就考不上大学了呢？现在这样子下去，你绝对考不上大学！"（哽咽）

陈瑜 妹妹不是你的压力源？

小黎 妹妹能给我什么压力？她才 4 岁，话都说不全。

陈瑜 你跟妹妹关系好吗？

小黎 不好，因为她很会制造噪声。

陈瑜 我之前看到姐妹组合的家庭，有的姐姐会有失落感，你有吗？

小黎 没有，妈妈反而更向着我一点。

- 4 -

陈瑜 你读的初中数一数二，你们小学那一届有多少人考进去了？

小黎 只有我一个。

其实我一开始都没打算考这个学校，就是去参加了一个专门针对这所学校小升初考试的培训班，参加了学校开放日，后面啥也没干，就轻轻松松地进这所学校了。我也不知道学校的招生标准是什么，有成绩比我好的同学反而没进，我的简历也没有什么特别突出的地方。

陈瑜 拿到录取通知书时是什么心情？

小黎 像做梦一样！开心，妈妈也很开心。

陈瑜 会不会也有一点点紧张，觉得这所学校里的同学大概都挺强的？

小黎 没有，我知道自己进去之后肯定是垫底的，就想好好学。刚开学时我状态挺好的，老师好温柔，布置作业好少，讲得好清楚。同学们补课好像比小学同学要少一点点，但是他们肯定会有补课班，至少应该是挺辛苦的。

陈瑜 同学之间的竞争感强吗？

小黎 中学开始排名了，强一点吧。一开始我考得都很烂，平均分 80 多，我考了 60 分。我就想，“啊，我怎么才考 60！”

然后又想："天哪，我及格了呢。"

对我个人来说，60 分挺满意的，没想到别人都考 80 分。但因为本来就做好垫底的心理准备了，所以也没有什么感觉。他们小学都是有底子的嘛。

奇怪的是，第一次正式月考，我突然从垫底考到全班第一，我非常惊讶，莫名其妙，之后就一直压力有点大。

陈瑜 那次你是怎么复习的？发生了什么？

小黎 不是，完全没有复习！我是上了初中才开始复习，以前我不知道从哪里开始复习，我也懒得复习，就没有养成好的学习习惯。

陈瑜 没有特别努力，却能考全班第一，除了运气之外，其实你也蛮聪明、蛮有实力的吧。

小黎 聪明没用啊，聪明也必须努力才行，不然就只能靠运气。

陈瑜 月考第一，会让你的心态发生变化吗？

小黎 有变化的，觉得我下次也得考好，对自己有了更高的期待。

- 5 -

陈瑜 你一直在强调"努力"，在你看来，什么才叫"努力"呢？

小黎 一天 24 小时，除了吃饭、睡觉，都应该在学习。

陈瑜 机器才这样吧？

小黎 大家都这样，我也这样做过的。很开心，开心得要死，完全没有累的感觉，因为终于可以赶上他们的脚步了，甚至觉得我应该比他们更努力。这种感觉，就是人生巅峰，很满足、很幸福。

陈瑜 以前你懒得努力，发生了什么事情，让你突然变成这样一个节奏？

小黎 疫情期间在家学习，我发现了“番茄工作法”。我下载了一个时钟App，学习25分钟，休息5分钟。休息的时间一结束，就逼自己赶紧去学习。后来不知道怎么回事，休息的时间越来越短，学习的时间越来越长，有时候就直接跳过休息时间，再后来就变得没有休息时间了。

我每天早上6点起来，学到中午11点左右，早饭也是边学习边吃。吃完午饭之后，又赶紧去学，一直学到晚上10点左右。有时候我还想再学一会儿，但我妈妈不让。

陈瑜 现在回过头来看，你觉得那时的状态，是合理的还是……

小黎 （脱口而出）那时我疯了吧！但是如果现在让我去这么学，我还是会有“我就是世界第一”这种感觉。

陈瑜 听起来有点矛盾，既认为自己疯了，又感觉很好，怎么理解？

小黎 就因为这么学了两三个月，又休息了这么长时间，到现在还没有好起来……

陈瑜 是什么动力让你想着要用“番茄工作法”来逼自己？

小黎 我一直都想好好学习，突然发现这个方法有用。

陈瑜 爸爸妈妈看到你这样学习，他们怎么说?

小黎 他们当时很高兴，笑眯眯的，他们一直都想让我这样学。现在他们又说，“当时我们觉得你学得太辛苦了”，其实没有，他们很开心的。

陈瑜 你觉得大人很虚伪?

小黎 嗯。

- 6 -

陈瑜 那段时间，每天有这么多作业要做?

小黎 除了学校作业，我还给自己布置了很多作业，做不完，就不让自己睡觉。

我把自己布置的作业放在前面做，这样可以逼自己同时完成校内和校外的作业。如果把学校作业放在前面完成，可能就会因为太困，不想完成课外作业了。

我每天基本上都要做到凌晨两三点，睡觉时间能超过4小时，我就觉得已经很幸福了。

陈瑜 为什么不给自己少布置一些作业，放过自己?

小黎 不行。最后考出来的成绩怎么样无所谓，但是我必须要比别人更努力!

陈瑜 对你来说，“更努力”的定义，就是花更多时间？

小黎 做更多的作业，做更多的题。有些人花了很多时间，但是他并没有做几道题。我要花很多的时间，我还要做很多道题。

我本以为他们每天都刷很多很多题，但实际操作下来后发现，我都已经满负荷了，他们肯定也差不多，他们就算再努力，一天也最多刷 200 道因式分解题。

陈瑜 就拿因式分解题举例，最后刷多少题，你会满意？

小黎 把三四本知名教辅书都刷完吧，如果可以，想刷个两三遍。

陈瑜 我跟你确认一下，也就是说，假设这个单元教的是因式分解，你要把三四本教辅书里配套的题目全部刷完。如果可能，要刷两三遍，你才会觉得，这个知识点算是掌握了。

小黎 嗯。

陈瑜 这个状态持续了多久？

小黎 从 2 月初到 4 月中旬。然后就“炸了”！我作业做错了，被老师点名批评，说我太粗心，没有认真做题，所以才会出错。我觉得很委屈，明明我已经非常非常非常认真地做题了。（抽泣）老师给的参考答案里故意有错，让我们查出来。这我怎么查得出来？我也没有抄过参考答案！

陈瑜 老师设了一个陷阱，看你们用不用功？

小黎 嗯。

陈瑜 你妈妈知道你被老师点名批评后，也认为是你不用功？

小黎　嗯，一直在挨妈妈的骂，她说："你又要回到以前那个状态吗？"就是读小学时浑水摸鱼的状态。我也觉得是我自己的问题，如果我认真写作业，全身心投入，会做得更快；如果做得更快，就可以更早一点完成；更早一点完成，我的精力就更多一点；精力更多一点，就会做得更好一点。

陈瑜　你还觉得自己不够认真？

小黎　我天天都在想，明天我要更认真，明天我要更认真，但已经完全集中不了注意力了。（抽泣）我天天都在想，什么时候才能变好？什么时候才能变好？我甚至想着熬到暑假就好了，天天都在这样想，天天都在这样想！

后来变得全天都很困，相比做题、上课，我更想睡觉。然后我就请了假，睡了三天三夜，除了吃饭，都在睡觉。那个月就是想睡觉。

我想让自己去学习，但再也不想学了，再提笔会呕吐。

陈瑜　这个状态，你自己担心或者害怕吗？

小黎　嗯。我跟妈妈说了，她带我去看医生，吃了一段时间的中药，就不想睡了。但依然不想学习，就是懒。发展到最后，突然意识到，哦，我有点心理问题了，有点想死了。我就觉得再也好不起来了，再也赶不上别人了，再也回不到以前那个状态了。

陈瑜　什么时候去看心理医生的？

小黎　五六月份。那个Z医生让我去上学，他说："你就尽力去做，能做成什么样就做成什么样。”我忘记自己是怎么回答的了，总之是挺绝望的感觉。妈妈就跟着了魔一样反复说：“这是Z医生的建议，Z医生让你去上学！”（抽泣）

陈瑜 医生评估下来，得出什么结论？

小黎 医生说我焦虑，有一点抑郁。医生给开了药，副作用很大，吃了以后胃疼，我也不知道开心到底去哪里了。

陈瑜 你从小到大有没有开心的事情？

小黎 从早到晚学习，我好开心。

陈瑜 有没有那种开心，比如在游乐场玩，比如和朋友聚会……

小黎 （打断）那都是不务正业！虽然表面很开心，但是稍微想一想，就会觉得我做这事很垃圾，我不应该做。

陈瑜 你玩得开心的时候，曾经有大人跟你说过这是“不务正业”？

小黎 没有。

陈瑜 是你在一路求学的过程中，自己总结出来的？

小黎 嗯。

陈瑜 如果让你来定义“童年的快乐”，那是什么？

小黎 童年的快乐就是不务正业。

陈瑜 但你又不允许自己不务正业，那怎么办？那不就没有快乐了吗？

小黎 有啊，刷题就是快乐啊。

- 7 -

陈瑜 疫情结束后开学，你去学校了吗？

小黎 我不想去上学，但妈妈觉得上学会对我更好一点，要我融入集体中去。我也认同这个说法，但我就是感觉哪里不太对劲，我就是不想去上学，很不想去上学！（流泪）

陈瑜 坐在教室里是什么感觉？

小黎 总想着什么时候才能结束。每天上学 10 小时，因为课后还有强制性的补课，所以时间很长，基本上每天都是这样。现在想想挺恐怖的。（流泪）

陈瑜 怎么熬过这 10 小时？

小黎 老师允许我睡觉、走神，但是就算这样也不行，感觉一秒都不能再待下去了，再待下去，会烧起来！（哽咽）

陈瑜 听得进老师讲课的内容吗？

小黎 听不进！听不进！什么都听不进去！（抽泣）

陈瑜 有跟老师说吗？

小黎 说了，老师都知道。他们说，为了我的心理安全着想，让我转学。也有些老师说，我应该继续来上学。

陈瑜 听到老师说让你转学，当时是什么感受？

小黎 死也不要转学！就不能转学！就不能转学！好不容易考进来了！（流泪）

陈瑜 那么痛苦，为什么还不愿意转学？

小黎 ……

陈瑜 你觉得转学意味着某种程度的“失败”？

小黎 嗯。

陈瑜 这个失败是不是正应了小学时班主任说的“没有进好初中，就不能进好高中”的逻辑？她认为那是“成功之路”，而你现在正在成功之路上，如果退出，就意味着失败了？

小黎 嗯。（抽泣）

陈瑜 你现在依然还是坚持不转学？

小黎 嗯。五六月份一直到期终考试，除了有几天没去，我都是去学校的。

暑假里，妈妈带着我去上班，每天六七点起床，限制电子产品使用时间，坐在她的办公室里，我也不知道干什么。她让我写作业。我写了，但是第一天都没有坚持下来，感觉我写完这个，又要去写那个，每天都要这样写作业、写作业、写作业，我觉得很烦，要一直写作业、写作业、写作业、写作业……（抽泣）

我妈妈不让我待在家，她说：“你待在家里会更颓废的，你必须要跨出第一步，才能好起来。”

陈瑜 你觉得她的说法有合理的部分吗？

小黎 （脱口而出）没有！完全没有合理的部分！

陈瑜 你那个时候期待怎么被对待？

小黎 期待死掉！要是我哪一天莫名其妙地挂掉了，那是最好的事情。（抽泣）

- 8 -

陈瑜 9月，妈妈得知你在学校爬窗台，就同意你不去学校了？

小黎 我妈妈听说我想死，可难过了，我安慰了她半个月："妈妈，没事，我现在非常乐观。妈妈，你看书会不会好一点？妈妈，你这样做会不会好一点？你这样想会不会好一点？……"

陈瑜 为什么反过来安慰她？

小黎 因为她一天天想死，她说："你要是想死的话，我就陪你去死。"

陈瑜 你觉得她说的是真心话，还是只想留住你？

小黎 有病！就是莫名其妙的……她对爸爸有时候也这么矫情。

陈瑜 你看到妈妈很痛苦、很绝望，有没有一点同情或者可怜她？

小黎 （脱口而出）没有！我只是想着要处理好这个事情。

陈瑜 从女儿的角度，你觉得你爱妈妈吗？

小黎 嗯。

陈瑜 刚才你说她矫情，不留恋她，为什么又爱她?

小黎 当时是很讨厌、很讨厌、很讨厌她。

陈瑜 在你自己状态不好的情况下，你觉得她也是罪魁祸首，她也是导致你想死的一个重要的原因?

小黎 嗯。

陈瑜 你说你当时讨厌你妈妈，那意味着现在你不那么讨厌她了?

小黎 不知道，可能是吃药的原因。在吃药之前，虽然我妈妈其实对我挺好的，但我每天都很讨厌她，有一点点喜欢她的时候，就会想起她都对我做过什么过分的事情，然后就……

陈瑜 就让自己继续恨她?

小黎 嗯。

陈瑜 她对你做了什么过分的事情，你会觉得对你伤害很大?

小黎 跟她谈心，每一次都会谈崩。她想让我上学，她想让我写作业，我不想，然后她就说:“你打算怎么解决?”我说:“我没有办法解决，我不知道，那还能怎么办?!”她说:“如果你不知道，你就先按照我的方法做!”

陈瑜 你觉得她不理解你?

小黎 嗯。

- 9 -

陈瑜 在家休息的这两三个月，每天的时间怎么安排？

小黎 每天9点醒，九十点钟起床，然后吃早饭，过半个小时吃药。上午在电脑上画画，12点左右吃午饭，然后继续画画。快到下午五六点时吃晚饭，也有可能不吃晚饭，然后继续画画，晚上10点或11点时上床，12点左右睡着。

陈瑜 画什么？

小黎 想画什么就画什么。

陈瑜 画画会让你忘掉外面的世界？

小黎 画画的时候更容易胡思乱想："我怎么就没有去上学？他们都在上学，我还在这里画画！"如果旁边播放一个相声什么的，就会好一些。

陈瑜 让声音去盖住那些念头？

小黎 嗯。

陈瑜 精神状态有什么变化吗？

小黎 表面上好像更开心了一点，实际上还是觉得自己很烂，很没用，浪费了父母很多很多钱，如果他们没有生下我，就不用花这么多钱。

看纸质的东西还是看不进去，心里是特别希望好起来的。

陈瑜 但"你打算什么时候去上学"这句话，还是听不得？

小黎 嗯。

陈瑜 爸爸妈妈现在还说吗?

小黎 不说了，但我自己还是有压力。我昨天晚上梦到上一届成绩不好的学生，被扔到一个尸体堆里，我是这一届成绩不好的学生，我差点被扔到那个尸体堆里。

上个月，梦到 L 老师，我好久不去上学，结果一到学校，L 老师就说“你现在语文不如谁谁谁好了”，还阴阳怪气地对我嘲讽一番。

陈瑜 她在现实生活中曾经骂过你吗?

小黎 L 老师就是小学那个班主任。三年级我们换了一个英语老师。有一次，我考试成绩不如我的一个朋友好，她就对全班同学说，现在我已经不行了，W 同学更好一点。L 老师附和了一下。当时我朋友还表现得挺开心的，后来我就再也不想跟她玩了，越看她越烦，就觉得她很恶心。可能我就是嫉妒她，我也知道她比我更努力。

陈瑜 你现在有特别好的朋友吗?

小黎 没有。

陈瑜 你需要友情吗?

小黎 不需要。偶尔一起玩一玩就可以了，不想跟别人走得太近。

陈瑜 为什么?

小黎 会紧张，觉得很不自在。

陈瑜 会不会因为老师把同学拿来做比较，所以你觉得其实朋友也是一种竞争关系，说不定哪一天就不在一起了？

小黎 嗯。

陈瑜 老师对同学的这种点评，你怎么看？

小黎 当时觉得挺对的，因为我没考好，我不够努力，我就该被说。

陈瑜 现在看呢？

小黎 有病！他们都有病！

陈瑜 他们的“病”好像对你有影响啊，你把他们的话都吸收进去了。

小黎 嗯。其实想想他们当时说的，全部都是有病的话！（抽泣）

陈瑜 像你这样受到影响有压力的同学多吗？

小黎 他们都很努力，所以他们没有压力。

陈瑜 他们没有压力，是你觉得，还是他们觉得？你认为只要努力了，就不会感到压力，至于他们有没有压力，其实你也不是特别明确地知道？

小黎 嗯。

陈瑜 所以对你来说，只有做到你认为的努力，你才能心安。

小黎 嗯。

陈瑜 但其实，之所以形成“努力”这个概念，是因为那么多“有病”的人这么告诉你的？

小黎 嗯。

陈瑜 看到这个“局”，会帮你理清一些什么吗？

小黎 我感觉这样定义“努力”是有点莫名其妙，但是潜意识里还是想一天到晚学习，还是会以这个为荣。看到这样的人，还是会觉得他很厉害，觉得这是值得炫耀的一件事。

陈瑜 就是说，你觉得理论上有问题，但内心还是信奉这套东西的？

小黎 嗯。

陈瑜 这种观念会有一天瓦解吗？

小黎 就是因为不会瓦解，所以……就很难受。（流泪）每天看到任何一个东西，都会觉得我不够努力：比如，我现在看到你的衣服是蓝色的，就会想到我有一个朋友也很喜欢蓝色，她现在每天都在好好学习；我看到套水瓶的这个网，就会想到菜市场里包苹果的那个网，想我小时候怎么会跟着家长去菜市场呢，好浪费时间；看到电脑支架就会想，当时我好像是用这个电脑支架学习的；铺了棉被，会想到当时的味道，我好好学习的时候睡在被子上是很舒服的；听到鸟叫声就会想到，以前上学的时候我是6点起床的……所有所有所有的事情，最终都会扯到学习上面去，虽然这个想法其实只持续了一两秒钟，但已经形成习惯了，生活的全部就是学习学习学习学习学习……你到底学习了没有？你到底学习了没有？你到底学习了没有？每天都在问自己这个问题！

陈瑜 即便在家里休息，心里也并没有真正地松弛下来？

小黎 嗯。

陈瑜 现在在陈默老师那里进行心理咨询，感觉怎么样？

小黎 每次聊完之后很舒服，突然感觉好像不是我的问题。一直以来，我其实给自己灌输了一个错误的观念：要一直努力，要好好努力。每次一说到这个观念是错误的，我就会很开心。

陈瑜 你现在确认它是错误的吗？

小黎 嗯。

陈瑜 你确认吗？还是在犹疑？

小黎 犹疑。

- 10 -

陈瑜 努力学习，为了考好初中、好高中、好大学，然后找一份好工作，这是人生意义的全部吗？

小黎 嗯。

陈瑜 好工作能给你带来什么？

小黎 满足感，成就感，别人觉得你好厉害。

陈瑜 厉不厉害，怎么评判？

小黎 比较啊，遇到任何一个人，都会比较。

陈瑜 你觉得幸福是比出来的，还是一个人的主观感受？

小黎 比出来的。

陈瑜 你永远都会遇到比你钱更多、房子更大、车子更好的人，怎么办？

小黎 我比他们努力就可以了，只要我 24 小时都在工作，比他们努力，我就满足了。

陈瑜 “努力”是你的护身符？

小黎 嗯。

陈瑜 但现在来看，这条路可能有点行不通。

小黎 嗯。

陈瑜 你有什么职业理想吗？未来想干什么？

小黎 不想干什么，只要做个体面的工作就可以了，医生、律师、会计……这种。

陈瑜 社会评价层面的好工作？

小黎 嗯。

陈瑜 是你喜欢的吗？

小黎 不知道什么是我喜欢的工作。我喜欢的工作可能就是将来当个插画师什么的，这种非常低级的工作。

陈瑜 插画师有什么低级的？

小黎 只要有良好的画技，就可以去当插画师，不需要各方面的能力。

陈瑜 如果有一个人他很喜欢画插画，如愿当上插画师，虽然薪水不算特别丰厚，但足以维持自己和家人的生活。这是你能接受的吗？

小黎 会有点鄙视。

陈瑜 觉得社会地位不够高？

小黎 嗯。

陈瑜 所以对你来说，自己的感受、想法、兴趣爱好，都没有社会评价重要，是吗？

小黎 嗯。

陈瑜 你有没有觉得这样活着会比较辛苦？

小黎 大家都很辛苦，爸爸妈妈也都是这样。

- 11 -

陈瑜 人生观和价值观，没有标准答案。在你这套体系之外，我想跟你分享另外一些可能，也许跟你以前听到的声音不太一样。

我从 2011 年开始做一个叫“人生大不同”的公益项目，邀请了 300 多位公众人物和行业大咖分享各自的成长经历，那些人就是你所谓的“社会精英”。他们在你这个年纪，都在自我探索，了解自己喜欢什么、擅长什么，由此生发出一种召唤或者说使命感，推动他们选择在某一个领域深扎下去，10 年、20 年、30 年，再加上一些运气，使得他们成为行业顶尖。但他们的起点，真的就是各种“不务正业”的探索，没有一个人说我早年所有的时间都用来埋头刷题得高分，于是我今天成了一个什么什么人。

为什么我要做“人生大不同”？就是希望倡导每一个人都找到自己人生发展的不同路径，这才是一个良性的社会。后来做“少年大不同”，也是希望这一代父母，能够学习科学的育儿理念和方法，能够让孩子们成为他们自己的样子。

如果现在我们的学生统统被单一的分数评价，未来被收入和地位评价，永远生活在一个比较数值的人生里，这样的人生有什么乐趣可言？

小黎 ……（流泪）

陈瑜 我听陈默老师说过一个案例，一个男孩，从小所有的时间都被补习班填满。他父亲极其强势。到了中学，他断然不肯去上学，说“你们别指望我了”。陈老师花了好多好多时间，最后让他的爸爸妈妈能够真心接受：孩子来到这个世界上，看看月亮，看看星星，看看日升日落，那也是可以的。至此，这个孩子才走出来。

现在，老天大概是叫你停一停，看看让你觉得人活着没有任何贪恋的那条道路，是不是值得你这样迅猛奔跑。问题不在于什么时候启动学习，而是我们应该想一想，这个世界我到底有没有感受过？我们为什么来走这一遭？

小黎 ……（流泪）

陈瑜 还想跟你探讨有关“体面的工作”。我看过一本书，说有一个护工，他的工作是为病人擦拭身体、端屎端尿。他可以认为自己在做低级的工作，他也可以认为自己的工作是帮助病人康复的重要一环。

着眼点是让所有人羡慕我，还是我为他人带来什么，派生出来的人生状态可能是完全不一样的。

小黎 嗯。

陈瑜 今天特别谢谢你的信任和坦诚。我有什么可以帮到你的吗？

小黎 你已经帮了我很多了……

采 访 手 记

好成绩 = 好孩子 = 好未来？

照例，我把小黎推荐到陈默老师那里接受咨询。陈老师是著名的青少年心理专家，从业近 30 年，积累的咨询案例超过 1 万例。我是她所有家庭教育在线课程的出品人和制作人。

说实话，我是特别害怕听陈默老师预言的，五六年前，她就说：“你看着吧，再这样搞下去，孩子都死给大人看。”

临床一线的警报，其实早已拉响。

2021 年年初，她又略带反讽地预言说：“以后家长见面都是这么聊天的：‘你孩子抑郁了吗？’‘嗯，抑郁了，重度。’‘哦，我们家还好，轻度。’”

不寒而栗！

的确，我现在很少收到“孩子做作业磨蹭怎么办？”这个量级的问题了，家长们一上来就是倾诉孩子患了焦虑症，得了抑郁症，已经服药多久，在家休学多久。绝大部分孩子是六年级以上，不分性别，不分地域。

陈默老师继续反馈说，退出“竞技场”的学生并非全都因为学力不足，恰恰相反，有越来越多的所谓“学霸”出状况，他们都是曾经的班级前十、年级前十，都是“别人家的孩子”。

什么样的学霸比较容易学“崩”？把自我评价完全维系在成绩上的孩子！他们通常在小学阶段名列前茅，继而进了一所排名靠前的初中，最终汇聚到学霸云集的高中。

链条兴许在初中就发生断裂，也可能在高中，就看这个孩子什么时候强烈地感受到，再怎么努力，也没法取得绝对领先的分数了。

于是，他们陷入一种困境：高期待，伴随高焦虑。

他们期待再次用成绩来证明自己的优秀，但内在的极度焦虑感又在不停地告诉自己，“你不够努力，你不够好，你做不到”。那些本该投入在学习上的能量，被这样的角斗和撕扯耗尽，成绩像滚雪球般下滑，直至有一天，丧失了踏进学校的勇气。

因为不再有优异的成绩傍身，这些孩子的自我评价就是“一无是处”。

那么，究竟是谁把“好成绩 = 好孩子 = 好未来”的公式根植在孩子的心里？

小黎妈妈在努力粉碎这个公式。看了小黎“少年发声”的当天晚上，她给女儿写了一段话，也同时发送给了我：

对不起，丫头，妈妈现在非常沉痛地想跟你道歉，甚至是忏悔。在你成长的过程中，我没有把一些特别好的价值观传递给你，反而在这样一个全社会教育焦虑的大背景下推波助澜。

我自己因为读书才实现了社会阶层的转变，又因为社交的局限性，我的格局变得很小，认为读书是成功的捷径。可能你小学的班主任也是因为自身成长的局限性，传递了错误的价值观给你。

最让我自责不已的是，在你撑不住了以后，我没有好好倾听你说碰到了什么事情，而是一味地想让你回归到“轨道”上，对你造成了很大的伤害。在跟陈默、陈瑜两位老师的不断学习中，我逐渐知道自己的局限，去努力学习、分析、理解、感受并接受不一样的思考方式，深刻认识到一路以来对你造成的伤害。

我现在完全理解你了，我会永远站在你的身后，不管你发生什么事情，妈妈都在这里，全身心地保护你，永远把你的感受放在第一位。你就是你，不一样的丫头，再不会是社会“轨道”中一个被滚轮传送带输送着，自己也不知道去往何处的存在。

02

我想把 6 岁的弟弟一脚踢飞，但我不忍心

崽崽／男生／三年级／浙江

9岁的崽崽近来脾气很大，还经常打弟弟，弟弟比他小3岁。

起初我听不清崽崽的话，妈妈解释说，这半年，孩子讲话含混不清，原先不这样。我脑子里闪过一个念头，会不会是“退行”？孩子启动这样的防御机制，让自己变得更像弟弟，潜意识里是希望获得爸爸妈妈的宠爱？

妈妈被崽崽支走后，我和他的交流变得非常顺畅，甚至可以说令我惊喜。正如他自己所说，他有一个想法，想把妈妈的手机抢过来，在微信群里发消息：不要小看小孩子！

他想寻求改变，包括跟弟弟的关系、跟妈妈的关系，所以在我们两个小时对话的尾声，他把妈妈叫回来，让我把我们聊的内容总结一下，给妈妈提提意见，然后又问妈妈：“你有什么想法？”

我在电话这头暗暗发笑，崽崽把我“用”得真好，创造了一种新的沟通模式。

“我感觉下次可以让弟弟也一起（聊）。”对话结束前，崽崽提了一个建议。我真的好喜欢他，如果是面对面的采访，一定要摸摸他的头。

如果你家里不止一个孩子，那么，崽崽的“少年发声”也许会给你很多触动……

- 1 -

陈瑜 你通常什么时候比较容易发脾气？

崽崽 学习的时候，我就是很急，把草稿本一把推到旁边去。妈妈说我态度不好，拍我一下，我本来已经很不耐烦了，这下就爆发了。

我做作业有时候有点走神，爸爸妈妈进来提醒，我也很反感。

我在干一件事情的时候，妈妈让我去干另一件事情，她会提前跟我说“我不是来扫你的兴哦”，但我还是会觉得很烦。还有爷爷奶奶让我去夹我还没有夹的菜，我也会感到很烦。我都已经9岁了，已经有主见了。

陈瑜 生气的时候，除了吵架，尝试过用其他的方式来解决问题吗？

崽崽 如果我听他们的话，我的怒火就会一直憋在心里，然后找个方式泄掉：有时候找个地方自己安静一下，有时候就去揍一下弟弟。

陈瑜 弟弟平时做什么事情会让你感到很生气？

崽崽 比如他偷偷爬到我的床上，或者在我不在的时候拿我的东西。我之前跟他说好，要碰我的东西，我必须在场，要跟我说的。

陈瑜 为什么一定要跟你说呢？

崽崽 因为他会把我的东西弄坏，有一次他拿我的东西跟其他小朋友玩，然后就搞丢了。还有，他拿了我的东西，不还给我，我要他还，他就跑到爸爸妈妈那里，说那是他的东西。

陈瑜 碰到这样的情况，爸爸妈妈会怎么说？

崽崽 有时候他们会认同是我的东西，有时候他们会认为是我抢弟弟的东西。这时候，我就会打弟弟，直接把东西夺回来。

陈瑜 那爸爸妈妈反过来又要骂你喽？

崽崽 对啊。

陈瑜 那你怎么办呢？

崽崽 如果很生气的话，我就会跑回房间，把门锁上，一个人待着，让自己冷静下来，做一些自己想做的事情。我不需要别人安慰的。

陈瑜 会哭吗？

崽崽 有时候会。

陈瑜 除了物品使用问题，还有什么事情，弟弟做了，会让你感到特别不爽？

崽崽 我写作业，妈妈批评我，弟弟过来问问题，妈妈侧过身跟弟弟好好说话，很温柔。我本来已经很生气了，他惹得我更生气。我就觉得弟弟特别欠揍，想把气出在他身上，想上去把他一脚踹飞。

还有的时候，弟弟一定要我跟他一起玩，我不想玩，就不理他，他就找同伴堵截我，我觉得很无奈。

如果只有弟弟一个人在场，我就想让弟弟来追我，幻想弟弟摔进草丛，撞到墙上，哇哇大哭，然后我就开溜，很开心。

- 2 -

陈瑜 听起来你跟弟弟的确有一些没处理好的矛盾。总的来看，你觉得自己跟弟弟的关系怎么样？

崽崽 我觉得我们的关系是好的。弟弟有时候被人欺负，找我帮忙，要我去揍他们，我就去揍。我的手被人咬了，弟弟就过来安慰我。有时候弟弟也会帮我做事。我弟弟比较开朗，看到别人在踢足球，他也想踢，就去跟别人好好说，别人就接纳他了。我看着他，觉得他在场上没有什么用，就把他叫过来说："缺你一个，多你一个，都是一样的嘛！"弟弟毫不在意地说："没关系，我不管他们，反正我玩得很开心。"我很欣赏他这种品质。

陈瑜 你会不会有点羡慕弟弟？

崽崽 对，但是我不会这样，我感觉我是有点内向的那种人，跟弟弟不一样。但是他好像也越来越像我了，有点学我的感觉，他也有自己的主见了。大人叫他干啥，他有时候也会跟大人吵起来，最后被训一顿，收起心中的怒火，按照大人说的做。

以前我也是这样的，但现在我会去反抗。

陈瑜 你的反抗有用吗？

崽崽 没有用的！但是这样做让我感觉好多了。当时舒服一点，但之后还是老样子，还是会被强迫做那些事情。

陈瑜 他们强迫你做什么，让你特别想反抗？

崽崽 就是写作业的时候，妈妈会要我根据她的思路做题，说那才是真正好的思路，我不想听。

陈瑜 嗯，特别理解。有时候，别人说的可能是对的，但是他们指导你的口气让你很反感，感觉在逼迫你做，即便他们是对的，你也不想听。

崽崽 对对对对对！

陈瑜 所以你们兄弟俩其实关系不错，但是会为了一些事情闹矛盾，可以这样理解吗？

崽崽 可以！

陈瑜 兄弟俩闹矛盾时，你们会去找爸爸妈妈评理吗？

崽崽 一般不会。至少我不会，除非弟弟先去找爸爸妈妈，我就跟过去，为自己辩护。

陈瑜 你为什么不去告弟弟的状呢？

崽崽 告状不是一件很好的事情。古代那些奸臣，为了自己的利益，去皇帝那里挑唆，我感觉告状跟这种情况很相似。我正试着让弟弟把这种坏毛病改掉。

我觉得我们的矛盾我都可以自己处理，但是弟弟还小，他觉得爸爸妈妈会帮他，会相信他，好像就是“先到先得”的感觉。

陈瑜 实际情况真的会“先到先得”吗？

崽崽 大部分情况会这样，而且我说的时候，弟弟会插嘴，弟弟说的时候，我是没有插嘴的。

陈瑜 你觉得爸爸妈妈对待你们两个不太公平吗？

崽崽 嗯，他们会偏向弟弟，他们更喜欢弟弟一点。

陈瑜 你从哪里看出来，他们更喜欢弟弟一点？

崽崽 好像小的就都乖一点。我之前跟我的小伙伴秘密讨论过，我们都觉得大人更相信小的，更偏心他们。

陈瑜 你觉得爸爸妈妈更喜欢弟弟，你去跟他们核实过吗？

崽崽 没有！我觉得很多当哥哥姐姐的，都有我这种想法。

陈瑜 你希望爸爸妈妈怎么做，才是你认为的公平？才是你认为的不偏心？

崽崽 有时候爸爸妈妈只知道侧面（片面）的事情，因为他们没有看到真正的场面。

陈瑜 我有一个假设，如果弟弟去爸爸妈妈那里告状，你也跟着去了，他们听了你们的说法，但不做法官，不下判断，还是让你们两个自己去处理，你觉得这个方法好吗？

崽崽 好！这样我就知道该怎么处理这个事情了。一般我想出来的办法，刚刚执行到一半，弟弟就溜去告状了。

我跟弟弟说过，如果我不在，我床上的蚊帐是关着的，你就不可以进去，如果是开着的，你就可以进去。这个方法实行了几天，我发现效果很好。过了几天，我忘记关蚊帐了，弟弟也没有到我床上来。但是，偶尔还会有拿我东西的时候。

陈瑜 偶尔有，那就是比以前少很多了？

崽崽 对！

陈瑜 你想出来一个非常好的解决办法，使得你们两个人的矛盾越来越少了。

崽崽 不过有时候我跟弟弟说好了规则，他也答应了，但实行之后，有一天，他违反了规则，我跟他说："我们不是说好了吗？"他却说："没有啊，我没有同意啊！"也会出现这样的情况。

陈瑜 哦，弟弟也会出现一些耍赖的情况。

崽崽 嗯，他很会耍赖的，很多小的都很会耍赖。

陈瑜 哈哈哈，那你觉得妈妈有能力“识破”他吗？

崽崽 没有，因为她不知道我们的秘密约定，我们又不是公开说的。

陈瑜 我听下来，感觉你希望有一个边界，有自己的空间和物品，属于你的部分，不希望弟弟在不经你同意的前提下随便乱碰，这是不是非常重要的一个点？

崽崽 嗯，是的，是的，是的。妈妈跟我们强调过，自己的东西要收拾好。有时候弟弟到我的床上来，弄得乱七八糟，我去问妈妈，妈妈说是她同意的，我就说：“为什么会有那么多杂物？”妈妈说：“那我去批评弟弟。”但是根本就没有批评。

陈瑜 你希望你跟弟弟制定好规则，爸爸妈妈能帮助你们执行，如果弟弟违反，能及时批评指正，对吗？

崽崽 对。

- 3 -

陈瑜 妈妈生弟弟的时候，有跟你说吗？

崽崽 有。那时我 3 岁，我很喜欢弟弟的，还跟弟弟拍过合影，那时候都很相亲相爱的，但后来就会打在一起，闹矛盾。

陈瑜 你有没有想过，自己是两个孩子里面的那个小的就好了？

崽崽 没有，我不想当小的，因为会被揍。但按我现在的心情，如果我是小的，也可能会去揍那个大的。我爸爸说，妈妈有点怕我。

陈瑜 为什么怕你？

崽崽 我不知道，她藏在心里，我感觉妈妈有点内向。

陈瑜 妈妈会不会很矛盾，因为你是她的孩子，弟弟也是她的孩子，看到你揍弟弟，心里就会滴血。

崽崽 有可能，一定会很矛盾。爸爸的处理方式，就是叫我们过来，先跟我们讲道理，然后让我们自己化解矛盾。我觉得爸爸这个方法很好。但是爸爸很忙，平时都不在家。

陈瑜 如果觉得爸爸的处理方式很好，你可以告诉妈妈，让她借鉴。

崽崽 我不敢。因为有时我想跟她说些事情，她根本不会理我。我说："你怎么不听啊？"她说："因为我现在不想理你啊，怎么办呢？"我也就不想理她了。

陈瑜 你觉得妈妈为什么不想理你啊？

崽崽 有些事情我没有做得很好吧。有时候和妈妈吵架后，我有一个想法，想把妈妈的手机抢过来，在妈妈的微信群里发消息：不要小看小孩子！

陈瑜 你觉得妈妈爱你吗？

崽崽 现在感觉妈妈有点变了，"随我便""无所谓""不管"的那种态度。她很注重弟弟，不是很注重我。

有时候，我也想得到安慰。以前她会非常关心我的学习，现在就一切随我，根本不管。

陈瑜 那你到底是想要妈妈管，还是不想要妈妈管？

崽崽 有时候想，有时候不想。

陈瑜 嗯，有时候妈妈管你，代表妈妈很关注你、很爱你，是这样一种感觉吗？

崽崽 嗯，对对对对对。

陈瑜 你会有一种想法，觉得妈妈没有生弟弟就好了，会吗？

崽崽 不会！别人有兄弟姐妹，我都羡慕。现在我也有弟弟了，很骄傲。但有时候，我也会希望弟弟不要出现在我眼前。我跟弟弟说："我很想揍你。"他说："你来揍啊揍啊！"就是那种很欠揍的样子。我就说："我能不能把你打死啊？"他说："可以啊，那你打吧。"

陈瑜 那你会狠狠打他吗？

崽崽 不会，我也不忍心。但如果是别人，真的让我有非常非常仇恨的感觉，那我就真的会去狠狠揍他。

陈瑜 你为什么不忍心打弟弟呢？

崽崽 他是我亲弟弟啊！没有他，我就会孤单，会不开心了。

陈瑜 其实你内心是很爱弟弟的？

崽崽 嗯。

陈瑜 听上去，如果你爸爸妈妈在你跟弟弟相处的过程中，更公平一点，你就会更开心一点，也会对弟弟更好一点。

崽崽 对对对。

陈瑜 这些矛盾，你觉得百分之多少是爸爸妈妈的问题，百分之多少是你的问题？

崽崽 妈妈 50%，我 50% 吧。

陈瑜 妈妈的问题，我刚才听明白了，你觉得你的问题是什么？

崽崽 我应该先征求别人的意见……因为我不能非常准确地知道自己的错误是啥、在哪里，就像你在一座山里面，就不知道这座山到底是什么样子。

陈瑜 嗯，很有道理。不过有一条，我总归觉得打人是不对的。

崽崽 大人也会打小孩，以前爸爸妈妈经常打我，现在少了，因为我会反抗。我有次跟妈妈说“以后不要打我了，我也不打弟弟”，她说“可以，我同意”，但她不可能时时刻刻都做到，有时候还是会忍不住打我一下，我也有这种感觉。

陈瑜 如果你的愤怒没有到达爆发点，你也不会想着要打人，主要的问题是，不要让矛盾发展到你控制不住自己情绪的地步。

崽崽 对对对对对对对对对对。

- 4 -

陈瑜 最讨厌大人对你说哪几句话，你一听就烦得要死？

崽崽 都是妈妈说的，比如，你爱怎么样就怎么样，我现在不想听你说话……还有很多。

陈瑜 为什么这些话让你这么反感？

崽崽 很伤心。

陈瑜 有时候你在做作业，妈妈陪着弟弟，你心里是不是也会觉得，哎呀，其实我也需要妈妈呀。有这个想法吗？

崽崽 嗯，有的。

陈瑜 怎么能让妈妈知道你的需要呢？

崽崽 我不知道，我不会说。

陈瑜 最后问你一个问题，你觉得你爱妈妈吗？

崽崽 我先把妈妈叫过来。

崽崽（对妈妈说）：妈妈，过来一下。老师说，最后问个问题，我爱不爱妈妈。

妈妈 你要我过来听一下，你到底爱不爱我是吗？

崽崽 我还没想好。

妈妈 （温柔地）我很伤心啊，你爱不爱我，竟然还要思考一下。

崽崽 爱的！

陈瑜 是因为妈妈伤心了，你才说的，还是你自己心里想说的？

崽崽 是我自己想说的，哈哈……

采访手记

有血缘关系，就自然相亲相爱？

过了三四个月，我和崽崽妈妈再度联系，她说："最近我们的亲子关系好多了，崽崽学习态度也很好。我和他爸爸都是尽量多鼓励他……我先生专门把那篇访谈收藏起来，隔一段时间会翻出来再读读。"

我问："为什么要隔一阵读一读？"

她回答："有时候觉得自己要受不了他了，或者觉得自己对他的态度要有问题了，就拿出来再读读。"

我笑说："真是速效救心丸。"

如今，周围二孩、三孩家庭越来越多，我常常去仔细观察父母对待孩子们的态度、协调孩子们关系的方法，以及兄弟姐妹之间的互动模式和他们的内在感受。要知道并不是孩子们之间有血缘关系，自然就会相亲相爱。相反，如果父母的教养方式不当，骨肉相争、不和甚至仇视，更叫人锥心。

有时，哪怕爸爸妈妈觉得自己真的是一碗水端平了，但孩子比你们想象的还要细腻和敏感。

有一幕让我印象深刻：我跟好朋友一家四口告别，4 岁的姐姐先钻进了车后座，我和她爸爸妈妈又多说了几句，一回头，看到车里的姐姐直直地望着爸爸妈妈和妈妈怀里 2 岁的弟弟，泪流满面。

我的心一下就酸楚了。

事实上，多子女家庭的咨询量正在日益攀升。在孩子们所有的抱怨中，我挑选最集中的三条提醒你：

1. 不要总是要求老大让着弟弟或妹妹；

2. 不要当着一个孩子的面表扬或批评另一个孩子；

3. 不要拿孩子们的优缺点比来比去。

如果可能，创造一些机会，分头带每个孩子出个门，他们其实很期待能拥有和爸爸妈妈独处的时光。

03

数学曾考 40 分，但作为一个人，我挺精彩的

小含／女生／十年级／上海

小含妈妈从没想过在孩子们读初一时，就把小含和她的龙凤胎弟弟从那所公办名校“打捞”出来。但有两件事突破了她的底线，都跟学业无关：(1) 班主任不准学生带课外书去学校读，且没收了一本《哈姆雷特》；(2) 鼓励学生之间互相举报不良行为，充当老师的小线人。

小含妈妈集合了几位家长找校方反映情况，未果，只好用脚投票。

小含对这一切看得云淡风轻，体制内外，成绩好坏，她都不是那么在意。

这个外表看起来恬静的姑娘，有着丰富的精神世界，我们的话题动不动就“形而上”起来……

- 1 -

陈瑜 你说你现在就读的学校非常复杂，到底怎么复杂？

小含 全年级150个同学，来自全国各地，家庭背景、人生经历，包括价值观，都很不一样。有公务员家庭出身的；有富二代；有非常穷苦的地方来的，比如台湾地区大山里少数民族的孩子，是靠奖学金读书的；有美高的孩子，虽然是中国人，但我觉得他是个美国人；也有很多漂泊不定的人，在很多国家待过，说不上哪里是自己的家；有回族同学，吃素，对待自己非常严苛；也有那种观念开放的同学，男女关系很随便……总体而言，肯定是比别的普通学校要复杂很多。当然，也有像我这样的。

陈瑜 相对比较寻常？

小含 对，相对比较寻常，爸妈都有工作，普通家庭。

陈瑜 在这样的学习环境里，压力大吗？

小含 我感觉不是很大。首先我比较“佛系”，也可能是我的家庭没有给我什么压力；我成绩也挺好，虽然有点站着说话不腰疼，但我真的觉得，只要考得没有糟糕到你承受不起，就可以了。

但同学们非常喜欢把 peer pressure（同辈压力）挂在嘴边，包括成绩压力、家庭压力、情感压力，于是对自我的怀疑、对未来的迷茫等等都被放大了。

陈瑜 你说你不那么在意成绩，那你比较在意什么？

小含 为人。

陈瑜 和别人的关系？

小含 也包括和自己的关系，和自己的相处。

陈瑜 你跟自己的关系好吗？

小含 特别好，我觉得跟自己关系好，挺重要的。

陈瑜 你一直跟自己相处得很好吗？还是说，也经历过波折？

小含 我也经历过很多波折的。小时候我脾气很暴躁，会为非常细小的事情感到烦心，一烦心就要表达出来，用肢体表达，受伤害的是我弟弟。那段时间虽然我很暴力，但其实内心感受和我表达出来的并不相符。我发完脾气之后就非常沮丧，会有“唉，我伤害别人了”那种感觉。

我刻意抑制过这种感觉，在长大的过程中，越来越喜欢自己。

陈瑜 你喜欢自己什么？

小含 我小时候很擅长画画，刚开始学画画时，就觉得自己很有天赋，技法很强。虽然同学们跟我学了同样长的时间，但我画得比他们好。

最近对绘画的热情有点淡下来，发现自己并不是最好的，但没关系，不是最好也没什么，因为总会有人比你好，我没有太强的竞争意识。

陈瑜 怎么去比较画画水平?

小含 技法、娴熟度，个人之间的差异是很大的，包括天赋，有些人你一看就觉得，“呀，真是天才!”

如果一个人有天赋和才华，还是能很明显地看出来的。

陈瑜 你觉得自己是天才吗?

小含 我肯定是个天才，哈哈哈哈。但不一定是这方面。

陈瑜 那是什么方面呢?

小含 好问题，我觉得我作为一个人，还挺精彩的。

- 2 -

陈瑜 我第一次见你时，你和你弟弟还在一所公办学校读小学。那时成绩怎么样?

小含 上游吧，绝对不是顶尖。班里 40 个人，我和我弟弟能进前十。我的小学生活还是非常舒适、悠闲、惬意的，轻松教育，完全没有超纲的东西。现在看起来，真的是快乐的童年。

陈瑜 初中进了有名的“鸡血”学校，那段时间相对灰暗些?

小含 心情是挺灰暗的，压力比较大，当然也没有那么大，只是被限制了很多，比如各种条例，包括老师的监管。但其实也有快乐，跟同学肯定有革命友谊。

我没有遭受过特别大的打击，只有数学需要补补课，其他都还好，成绩中上。我也有特长，大家都挺喜欢我的。

当然说实话，大家都考 90 分，我考 40 分，还是挺难受的，但考的次数多了就不在意了。这次考 40 分，下次考 50 分，有进步就好。

陈瑜 考 40 分的时候，你也没有崩掉？会不会觉得，以前排班级前十，现在怎么下滑成这样了？

小含 我从来没有这种想法，我觉得小学跟中学不能比。

陈瑜 拿着 40 分的卷子回来给你妈妈看，她会说啥？

小含 我妈妈也没说什么，只是说“行，下次加油”，就找了个老师，帮我补补。反正我也没有不写作业，也没有不认真听课，我觉得挺好的。但我也听说有的同学考得很烂，他妈妈跟他说“下次加油”的时候，他会心态很崩，觉得“如果下次还不行，我会辜负我妈妈”——我完全没有这种想法。

陈瑜 因为你心大？

小含 我觉得主要是心态比较好。

六年级时，我们那些垫底生其实过得挺开心的，大家都很团结，也不会因为谁成绩不好就不跟他玩。

陈瑜 嗯，那七年级下半学期转到双语学校，是你妈妈主导，还是你们自己想出来的？

小含 肯定是我妈妈主导，那时候我对于双语学校和国际学校一无所知。我们知道以后要出去读书，但没想到那么快，当然那时也不太喜欢体制内的教学模式，的确越往上走，竞争越激烈。后来也听到我的初中同学们抱怨，比如作业很多，生活很苦，等等。

陈瑜 当时你妈妈说要你离开这个学校，你怎么想？

小含 我不知道我弟弟怎么想，我会觉得：这不是我要走的路。毕竟那时候我还挺擅长艺术的，在这个系统里待下去，找不到我追求的东西。

陈瑜 你妈妈觉得学校有些管理方式触及了她的底线，你自己的感受呢？

小含 其实我小学、初中基本都在公立学校，也是被管过来的，我们那时候没有什么自主性。比较离谱的，就是我们班主任曾经跟我们说："你们所有人都要拿第一，怎么都拿第一呢？你们全班40个人，都给我考100。全班都是第一，就是你们的目标！"

陈瑜 在这所公办名校初中一两年的经历，带给了你什么？

小含 日后反思的素材，还有快乐，当然还有抗压能力。

- 3 -

陈瑜 转到双语学校，觉得那个地方非常适合你？

小含 的确，非常适合。但我弟弟一开始非常不喜欢这个学校，觉得同学成绩很烂，不学无术，天天游手好闲。他抱怨过很长一段时间，要转走，后来自己考得挺好的，也发现其实大家都有长处，也就适应了。

我还是非常喜欢这所学校的。

陈瑜 你喜欢它什么？

小含 游手好闲，无所事事。

陈瑜 有时间去做你想做的事情？

小含 可以这么说，但是我也非常喜欢它的有教无类，只要交得起学费，不管你成绩有多差，学校都一视同仁。而且那时候，说实话我成绩很好，也不用把整天的精力花在学习上，挺开心的。朋友也很多。现在看起来，这个学校就是“白月光”。可能也因为没把那么多空闲时间有效地投入到自己喜欢的事情上，所以我觉得那些空闲时间给了我闲暇，去思考很多东西。

陈瑜 思考什么？

小含 就是一些感悟，然后从量变上升到质变。还有一些日常生活当中比较稀有，但仍会碰到的真实发生的事件。

双语学校会组织学生出去扶贫。我去坦桑尼亚的时候确实挺有感触的，在那里看到一个巨大的蚂蚁窝，半人高，在一个树根上面。掰开看，里面密密麻麻的蚂蚁在搬东西，每只蚂蚁都在干自己的事情，爬来爬去。

从坦桑尼亚回上海，飞机降落的时候，向下看感觉马路很小，人很小，就像那个蚂蚁窝一样，各种小人、小车在奔忙。

在坦桑尼亚非常容易感受到幸福，最大的要求和满足，就是去冲个冷水澡，能吃饱，没有虫子来打扰你，可以睡个好觉，跟朋友在一起，无比快乐。但是回上海就不一样了。

陈瑜 你喜欢时间没有被填满的那种悠闲的状态?

小含 对，当然每个人都不太一样。对我来说，我很喜欢悠闲，我在悠闲时间的产出率很高，但也有很多同学真的是游手好闲。

陈瑜 你说的产出是指什么?

小含 有时候画一点小画，思考和反思，自我成长。

陈瑜 想明白什么事了吗?

小含 我想明白很多事情，在这个过程当中，我突然觉得看破红尘了。

陈瑜 怎么讲?

小含 对人性，还有父母、家庭关系，都有了不一样的理解。那时候还做过一段时间的调研，采访我的同学们跟父母的关系。

读人和看书一样，能学习到很多，领略到很多，最大的发现，就是“别人是人”。比如有的同学是我的同学，他的名字叫作巴拉巴拉，但我从来不会感觉他是个人。而当我真正了解他的时候，才发现他是人。

陈瑜 当你发现“别人是人”后，带来了什么改变？

小含 首先是那种直观上的震撼，突然参悟的感觉，我发现人和人之间比想象的要更加相似。

陈瑜 那是不是意味着你在人际关系里会带着更多的同理心？

小含 有更多同理心，也理解了很多社会现状，从一个很小的点看到了很深刻的人性。

陈瑜 你对人性怎么看？

小含 世界是美好的，但普遍来说，人不是什么好东西。最让我反感的一点是，人是无比相似的，但是他们始终厌恶自己，不可避免地要抹杀自己的一部分，包括抹杀别人的一部分。

陈瑜 你需要抹杀自己的哪些部分？

小含 我现在时常反思自己的行为，发现我的确不是一个完人。我厌恶他人的时候，其实所厌恶的这个点也出现在我自己身上。当我看到一个人如此厌恶与他相似的东西时，我会觉得人性真可笑，这让我厌恶人。

我在努力把自己变得更 open minded（思想开放）一点，包括对别人、对自己，这可能也是我现在这么看得开的原因。

陈瑜 包容度会增加？

小含 我发现我的包容度非常高。我也在设计自己的底线：这学期如何成为一个人。

陈瑜 你对“人”的定义是什么？

小含 好问题。我觉得人不会满足于自己的状态，包括自己的性格，但当我和我自己达成真正的统一，就是认知上的统一时，我就满足了。

我也读书。说实话，我的阅读量不算很大，但我耳濡目染了很多东西，也见识了很多东西。“见人如读书”，像我们这样面对面的交流是很难能可贵的一件事情。我没有读过太多哲学或者心理学的书，但会在日常生活中自己琢磨出一些东西来。

陈瑜 你看到人的相似性，会变得更加接纳吗？

小含 我觉得“能理解”不一定代表“能原谅”，我也不会容忍自己去做某些事情。

我需要那些在人性之上的东西，帮助自己成为一个完人。这种东西是很高贵的，包括自我约束、法律、道德底线，这是非常重要的。

- 4 -

陈瑜 会经常跟朋友或同学讨论这些形而上的话题吗？

小含 有时候我会感到遗憾，没有很多的同龄人可以讨论，但我非常有幸，能跟我妈妈进行交流，她让我感觉很开心，也得到了肯定。妈妈是我非常尊敬的人。我很喜欢她。

陈瑜 你喜欢她什么？

小含 我觉得她作为人的完整性很高，很有人格魅力，她是我想成为的人。她不是有意地影响我，只是我在她身边，不自觉地被她影响。

陈瑜 青春期的孩子能给妈妈这么高的评价，真的不多。

小含 表面上我和我妈妈是母女关系，但很多时候，我们作为两个平等的人一起聊天，她很尊重我，把我当成一个独立的个体。我觉得这非常可贵，是了不起的。

陈瑜 你们聊什么？

小含 各种话题，更多时候是我主动跟她聊，听她的反馈。我会问她，你觉得人是什么？你觉得我去追寻他人的痛苦，这是好事吗？正确吗？有道德吗？

陈瑜 她跟你聊天的时候，没有让你失望过吗？

小含 从来没有让我失望过。我对她的认同度是非常非常高的，99%，我们的价值观非常相似。

陈瑜 她什么样的价值观让你觉得特别认同？

小含 比如说刚刚我们谈的那些。她对人的认识很深刻，她也会跟我分享她的各种经验。

陈瑜 你弟弟和你妈妈的关系谈不上那么……

小含 何止谈不上，我看他们从来没有聊过天。我弟弟是一个非常 pure（单纯）的人，他喜欢打游戏，画漫画，还会做饭给我吃。他不会这么深刻地看问题，他也没有必要这么深刻地看问题，但我很喜欢我弟弟这种人，我很敬佩他，简单、真实、decent（得体）。

我还是很喜欢我的家人的。

陈瑜 你爸爸呢？

小含 我爸爸脾气比较暴，不太稳定，但也还好。我觉得他有艺术气质，我的那份坏脾气是他遗传的，但是很多艺术细胞也是他遗传的。

他对我很重要，他的存在，使我学会做一个人。

陈瑜 哈哈，他怎么让你学会做一个人的？

小含 其实之前我有过叛逆期，跟我爸爸吵得很厉害。也是在这个过程中，我才发现人跟人的相处之道。

我跟他关系最不好的时候是六年级，一见面就要吵架，因为各种小事，我觉得他很烦，包括一天跟我说七次要多喝水。

其实我爸还挺孩子气的，现在看来哄他挺容易的。跟他相处让我知道，世界上有很多不像我妈妈这样超然的人。我跟我妈妈的相处，让我了解人性；跟我爸爸相处，让我知道怎么做个人。

陈瑜 你爸爸需要你动用技巧去对付他？

小含 对，没错。说实话做人的技巧还是很重要的，察言观色啦，共情啦，知道他真的想要什么，包括哄骗……现在我也在传授这些技巧给我的同学，我是他们的“心理辅导大师”。

现在我逐渐成熟了，知道他还是挺想让我陪陪他的。小时候我就算知道这个道理，我也不想去做，我不 care（在乎），但是现在，他老了，我也大了，行吧，可以多陪他一会儿，他很开心，我也很开心。

我现在读的高中在外地，远离家乡，体会到了什么叫“思乡之情”。上次回来是两个月前，坐在车上，大家在睡觉，我醒着，看着高速上的路牌，夕阳落下去，我突然就体会到什么叫“牵肠挂肚”。为什么古人一谈别离就说到肠子，真的是有生理上的感受，就鼻子一酸。

- 5 -

陈瑜 现在十年级，有明确的专业方向了吗？

小含 方向比较明确，艺术、心理、哲学、人文，或者电影剧作、写作……

陈瑜 不仅限于画画、设计？

小含 我最近发现可能有比画画更有魅力的东西，平面艺术还是有表达的限制，我觉得文字的力量是非常强大的，所以我非常偏爱，包括诗歌、散文、小说、戏剧……我可以把自己的东西融入进去。

我很喜欢戏剧，比较擅长或者说热爱表演，觉得这个媒介是非常有魅力的。我在表达和创作上面，还是有天赋的。

陈瑜 嗯，你一直在发掘自己。

小含 14 岁那年，我觉得自己好像已经了解很多东西了，在 15 岁那年，又好好反思过。不能说我很成熟，但是我已经对自己有很深刻的清晰的认识。反思这种东西是很难让外界施加给你的，我的那些反思都是在生活的点滴当中吸收总结出来的。

陈瑜 听上去你对当下生活的满意度很高。

小含 很高很高，非常高。

陈瑜 有什么困扰或不够满意的？

小含 有点忙，我需要更多睡眠时间。

如果现在我能有一年间隔年，我可能会做更多好玩的事情。

陈瑜 你想做什么？

小含 如果我爸那边开机，我想在剧组至少待一个月；我现在也在旁听我妈的讲课和咨询。

主要还是见识和创作，去看，去听，这个很重要。创作会给人带来很大的满足。

陈瑜 什么主题让你特别有创作的冲动？

小含 关于人，人与人之间的关系，各种关系，这是我最感兴趣的一点，也越来越关注。

陈瑜 你对于自己未来的职业有什么样的构想？

小含 我不是很想坐办公室，我应该不会很有钱，我有自己的处事模式，可能不会那么努力工作，但我觉得我的精神世界比较富足。

如果有可能，我想做一个自由工作者。至于以后能干什么，其实我不是很在意，也并不担心，因为我大部分都能干好。我觉得世界还是很美好的，有很多东西可以追求，了解了很多人以后，我意识到自己是个很幸福的人，非常非常非常幸福……

采 访 手 记

不盲目跟风的家长，心里都有“锚”

小含的妈妈是我的好友，我问她，看了孩子的“少年发声”是什么感受?

她发来八个字：老泪纵横，幸福爆棚。

我乐坏了。

回想起来，我第一次见小含时，她在上四年级，和弟弟一起来参加我们“大不同”儿童戏剧夏令营。姐弟俩乖乖的，在班上绝对称不上出挑。可之后我却一直听到他们各种开挂的消息。

小含妈妈一点都不“鸡血”，从旁观察，我发现她花了更多心思在给孩子找“合适”的教育资源上，无论是选学校还是课外辅导机构，先看价值观，再看专业度，贴着孩子的特点、特长走。

不盲目跟风的家长，心里都有“锚”，知道该把孩子送到他们该去的地方。

于是，孩子也会变得从容而游刃有余，有更大的可能在时间表里腾出属于自己的“留白”时间——这对今天的孩子来说，真是稀有的体验！

还记得吗，我问小含，喜欢学校什么？她回答说“无所事事，游手好闲”，因为“空闲时间给了我闲暇，去思考很多东西”。

“这个小孩的水平比我们好多大人要高多了！”很多家长读后留言。的确难得，一个16岁的高中生，追求的不是更优秀，而是成为一个更完整的人，她思考的那些问题，好多大人可能一辈子都没想过。

实话实说，我和那些分秒必争的“做题家们”聊不到如此开阔，他们不太有时间去探索成绩和排名之外的世界，也不太有时间去看见自己。

孩子自主开发的小天地里潜藏着真正的竞争力，只是看家长有没有格局，能摁得住焦虑，让孩子闲一闲。

04

我妈学了很多课，她变好了，我的心也不累了

天天／男生／八年级／湖北

“我不知道孩子到底是怎么想的，你能帮我去问问吗？”

对于这样的邀约，我很谨慎，因为我不想当“密探”，我只是孩子的聆听者和对话者。

但是我答应了天天妈妈，因为她说，她一边学习家庭教育的相关知识，一边努力改变自己，亲子关系也越来越和谐了，但她担心当年的那些教育方式还是给孩子造成了一些创伤：“比如小学时因为老师罚抄写，让他对作业产生很深的厌恶感……一到考试前要反复做题时，他就会跟我说，‘烦死了，做题做得都要吐了’。”

家长的学习和改变，会给孩子带来什么？我对此很好奇。

有趣的是，这次访谈让我看到一个俗称“皮大王”的孩子是如何自我教育、自我修炼的。孩子所谓的种种“恶行”，都有自己的价值取舍和指导思想，他完全掌握着自己的成长节奏……

- 1 -

陈瑜 你妈妈说你小时候蛮调皮捣蛋的，经常被老师告状是吗？

天天 是的，小学时我应该是全班被老师告状告得最多的。和同学发生的矛盾有点多，基本上小学时把同学都打遍了，连女生也打。可能是因为当时控制不住吧。

陈瑜 他们做了什么，会让你控制不住自己？

天天 动手次数太多，我也记不清了。以前我是非常容易生气的。

陈瑜 你把小朋友打成什么样呢？

天天 最严重的进了医院，一只眼睛差点瞎掉。

陈瑜 哎哟，那你妈妈的确是挺操心的。每次老师告状，你妈妈回来怎么说？

天天 拿衣架揍我。

陈瑜 你哭吗？

天天 哭。

陈瑜 求饶吗？

天天 不会。

陈瑜 你心里想什么呢？

天天 不想什么，就觉得疼。

陈瑜 你会觉得很气愤、很委屈，还是很懊悔，说“我以后不打人了”？

天天 我完全忘了，我总是这样。

陈瑜 打完你就忘了，也没长记性？到了学校一言不合又开打？

天天 差不多。

陈瑜 你当时会觉得打人是错的吗？

天天 不会。

陈瑜 你妈打你，你疼；你打同学，他们也疼。你会觉得这样不好吗？

天天 当时没有这种感觉。

陈瑜 你有学习过用其他的方式来解决和同学之间的矛盾吗？

天天 没有，也没有学着讲道理。

陈瑜 你妈妈除了打你之外，她有没有教育你该怎么做？

天天 也没有。

陈瑜 发生这些事，你爸爸怎么说？

天天 我爸爸从来没有骂过我，我爸爸知道，但是一般不怎么管。

陈瑜 你觉得爸爸的方式挺好，还是说当时他管管你可能会好一些？

天天 我觉得管不管都不重要，现在变好了就行。最近这两年我不打人了，我妈妈也没有再打我。

陈瑜 为什么会有转变？

天天 因为性格变好了，也不怎么爱生气了。我妈妈学习了很多，也跟我讲了一些道理，说“别人骂你，你不要理他，让他骂，反正他说的又不是真的”。我自己也反思了一下，不应该别人骂我，我就打人。

- 2 -

陈瑜 你小学学习好吗？

天天 不好，每次考试就七八十分。全班 40 多人，我排 30 多名。

陈瑜 你妈妈当时对你这个成绩是什么想法？

天天 不满意。我考得很不好的时候，就打我一顿。我小学时，一星期差不多被打两三次吧。

陈瑜 这是你已经尽力达到的分数，还是……

天天 （打断）不是，不算太尽力。满分 10 分的话，我大概用了 5 分以下的力。

陈瑜 为什么不肯用全力呢？

天天 懒。

陈瑜 哈哈，但是考得不好就要被打啊？

天天 那就挨着呗。

陈瑜 你情愿挨打，也不想努力？

天天 嗯。我当时比较喜欢玩游戏，每天和同学玩一小时，还跟我表哥玩。我还练球，每周必看《天下足球》。我非常喜欢足球，我爸爸也喜欢。我从二年级开始在我们区的青训中心训练，在那里踢了 6 年，现在在学校校队里训练，每天

17:10～18:00。

陈瑜 相比这些，你当时觉得学习不是很重要？

天天 对的。

陈瑜 我跟你探讨下，有很多人会说，学生的主要任务就是学习，你认可吗？

天天 不认可，我认为学习只是生活的一部分。

陈瑜 那生活还包含什么？

天天 包含玩呀！

陈瑜 所以那个时候你觉得把所有的时间都放在学习上是不值得的？

天天 嗯。

陈瑜 你妈妈那个时候很着急吗？会给你报很多补习班吗？

天天 加在一起好像一星期有 9 节课。我感觉在补习班比在学校认真一点，老师也讲得更好一点。

陈瑜 你觉得你当时不爱学习，是因为老师讲课没意思，还是因为学的内容没意思？

天天 我应该不算不爱学习，就是不想写作业，因为老师布置的作业都是抄抄抄抄抄抄抄，我就懒得写，有时候干脆不写。

陈瑜 你情愿考试成绩不理想，被老师告状、被妈妈打，也知道要付出这些代价，但就是不想写作业，对吧？

天天 嗯。

陈瑜 如果让你重读一次小学，你还会这样做吗？

天天 嗯。

- 3 -

陈瑜 小学的学科基础打得怎么样？会对你现在读中学有影响吗？

天天 基础不怎么好吧。刚上中学时，我的成绩班上倒数，心里感觉不好，要加紧，我就非常努力地学习了，每个星期都去问我表哥数学题，非常刻苦地钻研。我英语成绩一直都很不好，应该说是因为我不想学，我看英国不爽。

陈瑜 哈哈哈，英国怎么得罪你了？

天天 因为英法联军、八国联军，里面都有英国，英国人在全世界也占领了很多土地。

我看日本最不爽了，但后来《社会与生活》课上讲了日本左翼还是愿意正视历史的，现在我认为日本也是有好人的，之前我是一味地仇视日本。

陈瑜 那你现在对英国有改观吗？

天天 没有，不过为了考试，我觉得还是要好好学一学英语。

陈瑜 哈哈哈。现在学语文有什么好方法？

天天 就是阅读，阅读，再阅读！从小到大，我应该已经看了

1000 多本书，四大名著啊，还有很多经典的书，历史、生物、地理……我什么都看。

我还听书。从 4 岁开始到 12 岁，听了 8 年收音机。四大名著除了《红楼梦》，其他三本，尤其是《三国演义》和《水浒传》，我听人讲读，起码听了 30 遍。

陈瑜 你是不是特别喜欢历史？

天天 我是我们班历史最好的，历史课现在都是我讲。老师觉得要多锻炼我们，看哪些同学历史好，就让他们来讲。我们一周有两节历史课，其中一节历史课由我来讲。老师觉得有不足的地方，就再补充。其他同学如果觉得自己知道得更多，也可以讲。

陈瑜 这么厉害！你们学校好棒啊，老师可以这样放权给学生！你们同学喜欢听你的历史课，还是喜欢听历史老师的课？

天天 我不太清楚。老师注重讲述年代，我是注重讲述人物，我觉得好多人物老师都没讲到，也许老师没时间讲。

陈瑜 你是怎么备课的呢？

天天 我不备课，老师的 PPT 放啥，我就讲啥。只要看一眼 PPT，我就能从记忆里搜索内容，因为我听了 8 年收音机，起码听了 4 年历史。开始听的是《写给儿童的中国历史》，后来听一个台湾的老人讲历史，最近在听一个专家讲历史故事。

陈瑜 对你来说，历史考试是不是不用复习？

天天 40 道选择题，5 分钟就写完了。40 分满分，我一般最多错一个，而且我还觉得是题目出错了。

陈瑜 上历史课是不是你最期待的？

天天 不是，我觉得所有课都差不多，除了英语以外。生物，我是科代表，地理课就我一个人回答问题，语文课也大多是我回答问题，数学课老师不点名回答问题。

陈瑜 你为什么那么乐于回答问题？

天天 我也不清楚，反正每次语文老师问问题，我都举手，不管老师点不点我。导致我旁边的同学都很害怕我举手，因为我举手，大多数时候都是点他们。

陈瑜 哈哈哈哈哈，坐你旁边太惨了！你小学时也这么积极地举手发言吗？

天天 应该也是这样，都是跟着老师节奏走的。

陈瑜 原来你是这样一个学习方式。那你现在做作业吗？

天天 现在做了，现在的作业不用一直抄，都是做题。我在学校基本都写完了，回家就看书。

陈瑜 现在你做作业的时候是什么心情？

天天 平淡。

陈瑜 哈哈哈哈。你妈妈说，有时候做作业你都要做吐了，有吗？

天天 呃？没有！就是有时候带回家的作业多，觉得有点头疼。

陈瑜 哦，可能你随口说了一句，妈妈比较上心。

- 4 -

陈瑜 你觉得从你小学到初中，你妈妈有什么改变吗？

天天 有，不打我了，至少屁股不疼了。我妈学了很多课，感觉她变好了，让我不那么心累了，每天回家差不多都是轻松的。以前有点怕回家，怕见到她，确实感觉非常不好。

陈瑜 一般孩子都是在青春期的时候，跟家里闹得不可开交，你是小学的时候跟你妈妈各种不对付，那现在你们的关系怎么样？

天天 很好！因为我现在看淡一切了，觉得什么都不重要了。跟同学也都相处得来，不要说打架了，就连吵架都没有了。

陈瑜 你觉得是自己突然想通了，还是你妈妈跟你讲道理，你听进去了？

天天 自己想通了。不记得是哪本书让我想通了，但应该是有的。

陈瑜 现在回头来看，你妈妈在你小时候经常用打的方式教育你，她担心对你造成伤害。你觉得呢？

天天 不会。

陈瑜 她当时有没有天天在你身边念叨，说你学习成绩这个样子怎么办，作业不做怎么办……天天唠叨你？

天天 有，还挺多，但我没感觉，听多了，左耳朵进右耳朵出，她说的时候，我就想别的。

陈瑜 现在学习状态怎么样?

天天 也不是很好，这一次期中考试我发挥太太太太太太失常了，因为 9 月份月考的时候，有点嗨过头了，跟以前比，成绩好得有点厉害，班级 29 名，年级排 290 多名，我们年级有 500 人。

陈瑜 嗯，到中等水平了。这个成绩对你来说是很大的进步，对吧?

天天 进步得有点快，然后“飘”过头了。

陈瑜 你对后面的学习，信心足吗?

天天 足！信心来自只要我想学好，我认为我就一定能学好。我的目标是初中进年级前 150。高中就不知道了，还没想过。

陈瑜 为什么如此坚信?

天天 因为我自信。

陈瑜 嗯，就算刚进中学成绩垫底，也没说“算了算了，我放弃了”。

天天 我不是那种喜欢放弃的性格。踢球时不到最后一分钟，也是不放弃的。我看过很多书，书中一些历史人物，比如文天祥，对我有很大影响。

陈瑜 你从来没有对自己丧失过信心吗?

天天 足球方面有一段时间有点丧失信心，当时连着去别的省市打比赛，成绩都不好，信心就不强了。后来训练加强了，就有信心了。

我刚打了区里的初中生比赛。我踢前锋。这几场比赛下来，我们队一共进了 12 个球，我进了 10 个！我未来的职业理想，是当足球运动员。

陈瑜 牛！那我问你，小时候你觉得你用功的程度不到 5 分，那现在呢?

天天 七八分。还缺两三分，因为还是很懒。

陈瑜 现在懒得做什么?

天天 懒得做太过于需要钻研的题目，我现在正在想怎么努力，目前还停留在想的阶段。

陈瑜 嗯，等你想明白，你就会行动的。你一路都是这么过来的，看起来，你妈妈没啥好操心的。

天天 嗯……

采 访 手 记

有几个家长能做到“静待花开”

我心里依然有问号，这个从小因为打架、不做作业、厌学被老师花式告状，一周要被妈妈用衣架打两三次的孩子，在青春期最多事儿的年龄，却对他们家的“亲子关系”和“父母关系”给出了两个“很好”的评价，而且语气是毫不犹豫的——这背后到底发生了什么？

今日的天天能够以自己的节奏成长，这非常难得，因为在当前的教育环境下，“静待花开”对家长来说，绝对不是一句轻巧的话。天天的爸爸妈妈，尤其是他的妈妈，在一些最基本的点上，一定做对了什么。

“少年发声”第一次做番外篇，破例采访了家长。

一个母亲有没有智慧，跟她的学历无关，跟她的社会地位无关。天天妈妈初中毕业，从农村来到大城市打工，在她身上发生的蜕变，是每个孩子都希望能发生在自己妈妈身上的吧……

我终于学会不卑不亢地跟老师沟通，不巴结，不讨好

天天妈妈 / 自述

- 1 -

我从小在农村长大，上面两个姐姐，下面两个弟弟，我在中间。他们都读了很多书，有稳定的工作。我成绩不是特别好，初中毕业就去武汉商场打工，认识了天天爸爸，结婚生子。

孩子全靠我自己摸索着带，我也比较强势，对天天爸爸不放心，自己大包大揽，搞得很累。天天爸爸为了不跟我发生矛盾，总是一声不吭。

为了省力些，天天不到 3 岁，我就把他送到幼儿园，不到 6 岁，又提前让他上小学，也没研究过孩子发展到什么阶段该做什么事情。

天天上小学时，每天回来都很累、很困，老师反映最多的，就是孩子调皮、好动。我脸皮特别薄，感觉老师这么说，就是在否定我，因为我有孩子之后，就没去上班，把全部精力放在孩子身上，结果孩子还教育成这样。

我特别紧张，特别焦虑。孩子屡教不改，老师经常告状，我

情绪失控就会打孩子。但打在孩子身上，痛在自己身上。

天天在小学跟同学发生矛盾时，老师其实也没去了解孩子心里真正的想法。班上同学的家长觉得自己的孩子吃了亏，在群里说话很难听。我很崩溃，我不是像他们说的不管孩子，溺爱孩子。

在天天需要保护的时候，我也从来没有站出来，说一些公平的话。可能就是因为我的态度和对待他的方式，天天在二、三年级的时候变得有什么事也不跟我说了，报喜不报忧。

老师常常罚他抄作业，我也不懂，认为老师布置的作业，一定要督促他做，看他不做，我也特别容易有情绪。

三年级上学期，他回来总是跟我说“很累，不想去学校”。他越是这样，我越不想让他落后，担心其他家长和老师会戴着有色眼镜看他，所以我盯得特别紧，害怕孩子比别人差。

快到四年级时，他说不想上学了。

有一件事，我印象特别深。天天的书写没有达到要求，老师拿一份优秀同学的作业给他抄，他不敢带回来，把同学的作业放在门卫室的窗台上，正好那天下雨，把作业打湿了。

老师找他要，他不敢说实话，逼问下才承认。老师非常生气地给我打电话，让我把孩子带回去。

我回来问他：“你为什么不跟妈妈讲？”

他说，他怕我。

那次，他哭了，我也哭了。

这件事对我触动特别大，我的孩子为什么会变成今天这样？我觉得自己的教育方式肯定有问题，老师总是罚孩子抄作业的教育方式也有很多不妥，但我没有力量和勇气去真诚、委婉地和老师沟通。

我扛不住了，和天天爸爸商量，去找校长请求换班，但被拒绝了。

也是在那个时候，我觉得既然我改变不了外面的环境，那就只能改变自己了。

- 2 -

就像老天给我开了一扇窗，我在朋友圈看到一篇育儿文章，点了链接，加入了一个家长群。

我问了辅导员，孩子为什么会撒谎？辅导员说，有可能是你对孩子太严厉了，孩子不敢跟你说实话。我接着问，孩子在班上跟同学的关系处理得不好，怎么办？辅导员说，有可能孩子习得了你处理情绪的方式，你动手打孩子，孩子在学校也会打同学。

这番话对我的触动特别特别大，我真的觉得我要学习，我要好好改变。我心里很爱孩子，我表达出来的却不是这样。

在那个家长群里，每天有各种各样的问题抛出来，孩子厌学，和父母对抗，精神状态不好……我就想，我如果还不改变自己的教养方式，孩子未来可能也会这样。

在家长群里的交流刷新了我的教育认知，很多词我都没有听说过，比如控制啊、接纳啊、宽容啊……我以前完全没有这些概念。

当时就像抓到了救命稻草，群里分享的书，我都买回来看，做笔记，写践行日记。

有妈妈在群里推荐陈默老师的课，我当时毫不犹豫地买了，反复听，觉得特别接地气，把书本上学到的教育理念落到了实处，就在家里努力地去做。

我开始思考：为什么我的情绪那么容易失控？为什么我没有观察思考的能力？为什么对孩子的行为没有判断？……我发现根源在我自己身上：我缺爱，不够自信，比较自卑。

我在兄弟姐妹中是被比较着长大的，也是被忽略的一个。我的姐姐和弟弟都读了很多书，他们的工作也很好，我特别羡慕他们有一份稳定的工作，这是我心里最大的痛。

我把这份痛投射给了天天，我觉得天天必须要学习好，不能像我这样，我就是吃了没有读书的亏。我为什么那么看重学习？因为我自己特别害怕，特别恐惧未来。

通过学习，我感觉自己好像想通了。可能因为我改变了，不再那么强势，不再总是评判，天天爸爸在家里也放松一些了，更愿意打开自己，表达自己，跟我的关系越来越亲密，他跟天天的关系也越来越好。

我后来发现，天天爸爸才是真正懂教育的，可能是他自己体验过无条件的爱，所以他对天天真的是无条件地接纳。这些理论也都是我学习后才懂得的。

天天五年级的时候发生了一件事，让我明白，我应该信任天天爸爸。

那次，天天跟同学发生口角，那个女同学追着天天跑，她手上拿着一把剪刀，拽天天的时候，剪刀在他手臂上划了一道又深又长的口子。

老师打电话，我就过去了，看到孩子被搞成这样，当时特别难受。孩子为什么老是犯这样的错误？有时伤害到同学，有时又反过来伤害自己。

我看到那个伤口比较严重，就给他爸爸打电话，说我一个人处理不了，让他赶紧过来。我们一起把孩子送到医院，医生说要缝针。

当时，天天爸爸接了孩子，什么话都没说，就立刻去解决问题。等所有事情都处理完了，天天爸爸才开口：“你是怎么了？把手搞成这个样子？”他的语气里没有一点责怪，还带着一种幽默，“你把自己想得那么狠啊！”

之前我们的心绷得很紧，他这么一说，我和天天都放松下来了。那个时候，我就觉得他爸爸比我更有智慧，比我更懂得爱孩子。

- 3 -

就这样，因为我的改变，家庭关系也变得融洽，天天跟同学的矛盾越来越少，我接到老师和其他家长的告状也越来越少了。

六年级的一天下午，老师又突然给我打电话，语气特别急，特别生气，说天天把矿泉水瓶子从楼上丢下来，砸到了低年级同学的脖子，人家半天抬不起头来。

我听了她这话，就觉得事情很严重，心里也特别害怕，连忙赶去学校。

我到班上找老师，正巧看到老师在教室门口教训天天。天天看到我，眼眶红了，好像要哭的样子。

我看了也很心疼。我相信孩子肯定不是故意用瓶子砸同学，越到后面我越信任他这一点，他绝对不会故意欺负同学的。

但以我对老师的了解，我也不敢当场宽慰天天。我当时就盯着他的眼睛，点了下头，我能感觉到天天看到我关怀的眼神，心里安稳多了。

老师特别愤怒地说："你看，他的手是不是很欠，无缘无故扔瓶子，砸到同学！"

我当时内心特别有力量，也特别冷静，对老师说："现在那个孩子怎么样了？如果需要，我带他去医院看一下，孩子的事是大事。天天这个行为肯定是不对的，该我们负的责任，我们一定负！”

老师听到我这样说，语气就好一些了，叫同学去把那个孩子叫上来。我一听这话，就想问题可能没有我从老师语气里感受到的那么严重。

我们一起去老师的办公室。老师走在前面，我和天天走在后面，我当时能够感觉到天天的紧张，就轻轻地拍了一下他的肩膀。

进了办公室，他们的年级主任也在，他刚好也听说了这件事。班主任在电话里就跟我提到，主任之前很严厉地批评了天天。

主任叫我坐下，说："这个孩子现在已经六年级了，如果他的行为对同学造成伤害，我们会在他档案里记一笔，那是非常不好看的。"

我当时就说："孩子扔水瓶这个行为肯定不对，这属于高空抛物。现在赶快叫那个孩子过来，我把他带到医院去检查一下，也可以把孩子家长叫过来，我们一起去医院，或者我们单独去也可以。不管什么情况，所有的责任我们来承担！"

主任可能感受到我的诚意，态度明显缓和下来，他说："你这个家长还是蛮讲道理的。"

我说："是的。男孩子有时候犯错误，确实也是意想不到的。我们对孩子一直都说，犯了错误，该接受批评就要接受批评，该负责任就要负责任，我们的立场一直都是这样的。"

主任听我这样说，就说："这个孩子是有点调皮，我们一直也在关注他。他现在变化挺大的，各方面还是不错的。”

我说：“确实很感谢老师，包括学校的领导对孩子的教育。我们家庭教育只是一部分，主要还是靠学校教育。”

主任听了，说：“那好，这事就这样处理吧，带那个孩子去医院检查一下。”说完他就走了。

过了一会儿，那个孩子来了，我迎上去说：“对不起啊，今天大哥哥把你弄伤了，他丢水瓶的行为肯定是不对的。”

那个孩子说：“阿姨，没事的。刚开始有点不舒服，后来就没事了。”我看了看他的脖子，的确连微红的印子也没有了。

我说：“不管怎么样，阿姨还是想带你去看一下医生，阿姨也放心些。”

孩子还是说不用了，非常有礼貌。说真的，我当时特别感动，也特别吃惊，孩子比我们大人更包容。

天天也给那个孩子赔礼道歉，他感受到我的态度，当时还哭了。

孩子的奶奶在学校做卫生工作，后来也来了，她也很包容，说：“没事就好，下次注意点就行。”我真的很感动，留了电话号码，让奶奶再观察，叮嘱她“有问题随时联系。孩子不懂事，确实给你们造成了麻烦”。

第二天，我给那个孩子买了牛奶和水果，让班主任转交给孩子奶奶。

在处理这件事时，我确确实实感受到了自己内在的力量，不像以前一碰到老师告状，我总是特别无助，哪怕很小的事，哪怕不是天天的错，我都会表现得很卑微，甚至带着一些讨好，巴不得事情快点解决。

但这一次，我明显感到我跟老师沟通时不卑不亢，孩子出现问题，我首先顺应老师的情绪，让他们的情绪流走；第二，满足老师的要求，承担该承担的责任；第三，孩子回去，我们也会教育。就是这样。

事情处理完之后，我就把天天带回来，他还是很紧张。我就跟他对话："儿子，你是不是很紧张？"他说："是的。"我说："那你能不能跟妈妈讲一讲，刚才发生了什么事？"

他就说上体育课时，老师这也不让他们搞，那也不让他们搞，他心里有情绪，就想丢瓶子发泄一下。瓶子扔到墙上，反弹回来，正巧那个教室的窗户开着，就落到了那个孩子的脖子上，不过瓶子里只剩下一点点水。

我问他："通过这件事，你得到了什么教训？"然后跟他分析，人有情绪是可以的，但要学会排解情绪，管理情绪。

这件事让天天看到了妈妈对他的接纳，看到了妈妈怎么有力量地去面对这些事情，对他的触动应该也很大，他自己在行为方面也知道调整了。

就是从这件事之后，天天基本上就没再做什么会让老师请家长的事。

- 4 -

说到天天的学习，我们从他很小的时候，就很注重阅读。因为我姐姐是高中老师，她说阅读很重要，所以我们经常给他买书，带他去图书馆。

小学那段时间，老师对他的要求一直都比较严苛，天天的学习动力越来越不足，老师和同学对他的评判也加深了他对学习的无力感和厌恶感，好像成绩不好就该被瞧不起。

我知道天天没有学习动力的原因之后，虽然还是放不下焦虑，但是我知道如果对他学习的管理不放手，不从内在去滋养他，去增强他的精神内核，他的成绩是上不来的，而且他也不会喜欢上学习。

所以我很尊重天天的感受，包括找老师补课，基本上都是经过天天同意的，如果他不愿意，我就算已经花钱了，也不会逼迫他去上。

进了初中，第一次考试，他全班倒数第一。初一上学期，进步很微小，全班倒数五六名，但我跟他爸爸都鼓励他，老师也鼓励他。

老师在家校沟通本上留言最多的就是，建议天天哪些方面怎么去做，做得好的时候，就鼓励他。我也会很真诚地跟老师讲孩子在家的学习情况和学习状态，认真地反馈给老师。

当然他还是会有很多情绪，有点畏难，但班主任和任课老师没有让孩子觉得他们会放弃他，没有让孩子觉得自己不如其他同学。

就这样，他学习的自律、主动性、内在动力慢慢被激发了出来。他在家上网课时，无论好坏，我都不说什么，一个是放手，一个是信任。到了复学时，他的整个状态确实变化特别大。

初二时，他的成绩从年级排名400多名上升到200多名。

他现在也能特别清晰地了解和表达自己的感受。这次期中考试，赶上足球比赛特别多，他跟我说："妈妈，我感觉这段时间坐不住，上课比较浮躁，心静不下来。"老师在家校沟通本上也反映了这个问题。

我也知道，打比赛对他来说分散精力，就跟他说，比赛完了，就自己调整吧。

期中考试，他物理考了全班第八。班主任任命他为物理组长，他特别积极，自己去买物理器材回来研究，上培优班的状态也特别好。

从以前厌学、对学习充满无力感，到现在想学、天天自主学习，孩子完全是发自内心的，不用我们逼迫，也不用我们操太多的心，他一直在努力和调整，我觉得特别欣慰。

另外还有一点，他小学时感受不到在集体中的价值感和归属感。其实他体育能力不错的，从小踢足球，还练过游泳，学过跆拳道，但是在小学时，他不想参加训练，学校搞趣味运动会，他也不当回事。暑假里，我带他去参加足球夏令营，他也没有积极向上的精神面貌。

进了初中，学校搞运动会要走方队，他回来就跟我讲："要是有部队的人能够带我们一下就好了。"他姨父正好是部队的，他说："妈妈，你能不能把姨父请去我们学校？"我就把他带到他姨妈家，让他自己去跟姨父说，姨父很痛快地答应了。

那次运动会，天天在铅球比赛中取得全年级第一的成绩。他回家跟我说，数学和语文老师都夸赞他："哇，你这么厉害啊，拿了铅球年级第一啊！"老师的鼓励孩子都是能感受到的。

后来，天天的表现就特别好，也特别配合老师。

那时开学才几个月，我第一次见班主任，她就跟我说，天天"特别大气，性格外向，特别热心"。她用这三句话来形容天天，我听了心里很温暖，因为在小学，我听得最多的是老师对天天的批评和不满。

我当时也学习了很多沟通技巧，知道怎么跟老师沟通，内心很稳当，就跟老师讲："这个孩子的品行应该是比较不错的，唯一的问题就是在小学养成的学习习惯和学习方法还有很大的欠缺，这方面还得请老师下一点功夫来帮助他，我们在家里也会努力帮助孩子调整。"老师说没问题。

天天现在有这么大的进步，跟他所处的学校集体环境也有很大关系，初中班主任、任课老师都很尊重孩子，尤其是班主任，她让天天感受到集体的温暖，这些都帮助孩子克服了学习上的畏难情绪，慢慢恢复了学习动力，所以我非常感恩他现在的班主任。孩子能够遇到这种懂教育的好老师，让我看到了希望。

天天上小学时，我害怕老师对孩子造成伤害，每次教师节都会送礼，到了初中，我再没有这样的想法了，我只是很真诚地跟老师沟通。班级有什么活动，需要我们家长支持，我就尽自己的力量去支持老师。平时我不会因为孩子的小事去找老师，都是让天天自己找老师说。现在我跟老师的关系也特别和谐。

天天以前在小学最大的问题就是不会跟同学相处，到了初中，这些问题完全没有了。

我刚开始也很担心，开家长会时委婉地问同桌的妈妈，同桌妈妈说："我姑娘说你儿子很好，还蛮喜欢跟你儿子同桌的。"他现在每周四在这个同学家吃饭，晚上一起补物理。还跟其他五六个同学一起补数学，也相处得特别好。

天天现在这个状态，我觉得挺满意的。

他是个有情有义的孩子。上个星期，他爸爸在洗碗，我在洗衣服。我就跟他爸说："你快点洗完去洗澡吧。"天天听了就连忙过去跟他爸爸讲："爸爸，你去洗澡吧，我来帮你洗碗。"我真的特别欣慰，还拍了天天洗碗的照片，存在手机里。

通过不断学习让我受益良多，分享这些，是希望能帮助像曾经的我一样迷茫的家长。教育认知提高了，自己变得有力量了，当家长其实一点都不累。

05

我努力学习，为了当一个普通人

团子／男生／十一年级／上海

团子马上要升入高三，正在为出国留学做准备。

一位做家庭教育指导的老师推荐我认识了他，她对团子的评价是：我所接触到的少有的没有被家长压榨到失去个性、失去爱好、失去理想的孩子。

我跟团子约采访时间时，他干脆利落地把第二天的日程表写给我，我挑选了下午 2:30。他说，好，他会上闹钟。

到了约定时间，他准时准点把手机号码发送给我。

小伙子太靠谱了！这是我的第一印象。他的精准度甚至让我把自己的状态发条也跟着上紧了一点。

电话里他告诉我，他有轻度强迫症。“哦，原来如此。”我这样想，但真正让我吃惊的是，他全然接纳有点不同的自己，对病症毫不介意，甚至从中发展出积极的部分。

团子有一种在自己人生的版图上开疆拓土的能力，在不为成人所知的世界，尝试着用另一种方式学习和成长……

- 1 -

陈瑜 你九年级之前一直在公办学校读书，后来为什么会转到国际学校？

团子 说实话，我当时也挺犹豫，还是希望留在体制内学习，但我父母觉得我写字太慢了，不太适合应试教育。我有强迫症，小学时写字速度就很慢，每一笔都写得很重，都能刻到第二页去。

我读的是寄宿学校，同学们写作业一般到晚上 7 点，我要做到 9 点，有时还做不完。初中时经常要写到深夜十一二点，很晚睡觉，第二天早上 6 点起床，很吃力。

小时候，我并不知道自己有强迫症，但我做题目会反复验算。举个例子，1+2=3，我做完这道题，一定会想：3 减 2 是不是等于 1？ 3 减 1 是不是等于 2？全部算完以后，再做一遍 1 加 2 是不是等于 3，然后我才会做下一题，这就导致我作业做得特别慢。

跳过这些验算步骤，我会觉得很难受，没法专心做下一题。但好处就是，我学过、做过的题，一般都记得很清楚，考试时基本上做多少题就能得多少分，只要做了，就是对的。我周考、月考成绩很差，因为时间紧，总是做不完。但是期中、期末考试，有两小时，我能把题目做完，成绩就很好，还能考100分。

所以我对老师来说，是一个挺头疼的存在。

陈瑜 有去医院看过吗？

团子 有。七年级的时候，我妈实在受不了我的做题速度，带我去医院。医生说我是轻度强迫症，不需要吃药。后来我就吃中药调理脾胃。人的精神状态好了，病症也会改善。

九年级转到国际学校，学习非常轻松，内容也很简单。我现在不用这种病态的写作业方法了，但也出于这个原因，我的成绩开始往下掉了，哈哈哈。

陈瑜 会被强迫症困扰吗？

团子 没有啊，做题很开心，我挺享受的。

陈瑜 但是你考试有可能答不完啊？

团子 但是做题目很有意思，我无法拒绝啊，我还会主动去找数学老师要题目做。做题很开心，对我来说叫强迫症吗？我根本没有理会这种东西。

陈瑜 爸爸妈妈也没有因此给你压力吗？

团子 他们先前不知道我有这个病的时候，确实为我着急，毕竟一个周末，我不是上课，就是写作业，写完就上寄宿学校校车了。他们知道以后，就很少在我面前叹气了。我听到他们叹气的时候会很揪心，觉得自己和别人家的孩子越差越远。我宁可他们骂我，那样我心里会做对抗，但是他们的叹气，会导致我一整个晚上很难受。

小时候会蒙在被窝里，难以入睡，因为这是一种情绪，我很难去做语言上的对抗。

陈瑜 他们后来有改变吗？

团子 很遗憾地说，到现在依然没有变化，虽然不直接在我面前说，但我依然会感受到。

陈瑜 你如何调整自己？

团子 沉浸在音乐、书本、视频里，骑车和练书法对我也有帮助，还有购物、运动、外出看展览，都能让我屏蔽之前的情绪。

陈瑜 感觉你挺接纳自己的，也懂得寻找调节的方法，即便在应试教育体系下，也能找到自己的生存方式。

团子 是的，我理解东西比较快，但是我记东西、输出东西就很慢，背文章、背古诗、背单词，需要比别人花很多倍的时间。

如果可以的话，我希望我小学做作业的时候，妈妈能陪在我身边，看到我反复验算，能立刻提醒我去做下一道题，让我形成“做题—下一道”的习惯，而不是“做题—检查—检查—检查—下一道”，这样可能会让我写作业的速度有所改进。

- 2 -

陈瑜 高中最后一年，要申请海外学校了，准备读什么专业？

团子 我对建筑很感兴趣，尤其是室内设计，看了很多相关的书。

同样是一个房间，不做大的改变的情况下，通过合理的设计，就能变成舒适的空间，让日子过得更舒服。我觉得这是一个很神奇的学科，所以就想，如果以后有机会，我要去学设计。

陈瑜 很多孩子并不知道自己未来要学什么、干什么。你的职业理想是从什么时候开始确立的？

团子 小学四年级，我们家从小公寓搬到了别墅，但是我反倒觉得在小公寓里过得更舒服。我就想，为什么？后来我发现别墅的空间利用得不够好，一楼是客厅，二楼是厨房，三楼四楼是卧室。我们家里有老人，上楼下楼很不方便。

我有个邻居是学园艺设计的，我跟他聊过，他说你觉得空间设计不够合理，那你可以考虑下怎么让它变得更合理。他的话启发了我，我就会去想类似的问题，到了初中，逐渐明确以后想干什么。

我有一个想考美院的好朋友，她推荐我去一间画室学画画。老师是学设计出身，我跟着他学了很多，他也推荐了很多书给我。

陈瑜 有意思，别的小朋友都在幼儿园、小学低年级阶段学画画，后来学业压力大就放弃了，你反倒是初中去学画画。

团子 我父母一开始是不太支持的，觉得去画室路程太远，来回要一个半小时，但看我确实对画画感兴趣，就送我去了。一周两节课，周六周日上午各一次。现在马上高三了，还在坚持，但去的次数少些。

陈瑜 你在画室里画画是什么感受？

团子 如鱼得水！

陈瑜 “如鱼得水”是指你写作业很慢，但画画很快？

团子 那倒没有，人家一个小时能画完，我要2～3小时，但是我理解起来比较快，所谓“一点就通”吧，能迅速理解老师讲的要点，老师教起来也比较轻松。

老师在课堂上把我的问题指出来后，我回去再思考。因为我入睡慢，所以睡前我脑子里就会想，画画哪里还有问题，我的透视感就是在这个过程中提升的。

我很感谢我的父母，暑假带我去了欧洲，让我对建筑更感兴趣。

- 3 -

陈瑜 你应该有不少朋友吧？感觉很多机会是你在跟朋友的互动中发现和创造出来的。

团子 是的，我是B站的视频UP主，做游戏教程，在网上也结交了很多朋友，还有很多国外的网友，俄罗斯、澳大利亚、美国、日本……

陈瑜 你在B站叫什么名字？

团子 我不想把我 B 站的账号和我的私人生活联系在一起，如果你在写文章的时候，不把我的信息透露出去，我很乐意跟你分享。

我在 B 站起了个比“团子”更有博主气息的名字，团子更像玩家，但是如果你是视频 UP 主，名字太生活化，会让粉丝觉得你过于接地气，心想“同样是玩家，为什么我要来看你的视频”。名字比较有博主气息，就会让人觉得，我可以教给他们东西，也更能够吸粉。

陈瑜 哈哈，有意思。怎么就开始玩起视频来了？

团子 我爸妈结婚 10 周年时，爸爸带着我一起做了一个纪念视频。从那时候起我了解到，原来视频是可以一个人完成的。

后来，小学五年级时，我帮我们学校做了毕业典礼视频，是唯一一个被校长点名表扬、存入档案的视频，虽然名义上是我们班主任做的，哈哈哈。

陈瑜 爸爸无意间把你领上了这条路，然后都靠你自学？

团子 是的。当时不像现在，视频谁都能做。那时需要专业的剪辑软件来制作，而且有些软件的高级功能需要付费。比如，付了费，可以允许你无限图层，但我没付费，我必须花时间把每个图层导出，不停地合二为一、合二为一，最后才能剪辑成一个视频。

我用烦琐的方式避免了付费，也因为这么反复地研究打磨，我才能够很熟练地运用剪辑软件。不是说我有什么天赋，只能说我付出的时间比别人多，我感兴趣，并且坚持了下去。

陈瑜 那你是怎么当上 UP 主的呢?

团子 我在学习使用软件的过程中，就做出了一些视频，但那会儿的手机容量小，没法存放很多视频，我就上传到 B 站。上传多了以后就有个想法，我要不要去做视频 UP 主?

十年级的夏天，我在国外上夏校，课业特别轻松。当时有个朋友打游戏遇到了瓶颈，新出来的角色，他不会用，我就去玩了玩，一下子理通了这个角色，就开始做教程。

新角色刚上排位的时候，我在 B 站发布了准备了两个月的视频，正好赶上热度。大家都在谈论，但没有多少人理解这个角色，唯一有关这个角色的视频就是我的。

当时我看到有 700 多的播放量，很开心，因为以前朋友圈点赞，也就几十个人，现在有几百个人观看！结果两天后，几千播放量，几万播放量，我整个人就震惊了。视频底下有很多友好的评论，让我觉得自己可以继续做下去，然后就正式成为一个 UP 主了。

那条视频目前有 10 万播放量了！

现在这个账号不只是我一个人在运营，我还有个搭档，他是打职业比赛的顶尖玩家，话很少，负责硬核的东西，我负责制作视频和管理工作平台上的社交。我还有个团队，5 个人，是早期的粉丝志愿者，来帮我做录频组的工作，把我搭档的视频录制审核，我来做教程。现在我时间少，他们也会做视频。

陈瑜 现在有多少粉丝?

团子 14000多。

陈瑜 我不太懂,过万是不是算不错的成绩?

团子 也不算吧,过万只能说是过了瓶颈期,大部分游戏UP主都卡在三四千和七八千这两个阶段。卡在三四千,可能是他们某期视频很火,而后面的视频都是官方为他推的流量。但其实只有那一期视频是抓人眼球的,所以他的粉丝数就卡在了三四千这个阶段。卡在七八千的话,就说明他做出来的视频有吸引人之处,但是没有自己的风格,导致粉丝就停在那个阶段,上不去。

我也卡过,卡了将近半年,今年年中才达到了1万。过万后,我的粉丝数以每个月1500的速度往上涨,所以我也只是一个准备步入"小康阶段"的UP主而已。

陈瑜 你是怎么跨越瓶颈期的?

团子 我走了不少弯路,很多UP主都会帮助我。我发现自己的视频没有准确的定位,只是做我自己想做的视频,没有想过受众需要什么。想通了以后,我开始制作一个新系列,针对高阶人群。

我做的这款游戏,游戏玩家的活跃度在100万人左右,那么我就抓住里面的2万高阶人群,去做有深度的教程。现在,在高阶人群里,有1/4的人是看过我教程的。所以,我的粉丝不仅是那些普通的入门级玩家，更多的是有黏性的资深玩家，我的账号不是其他 UP 主能轻易替代的。

陈瑜 你刚才说你现在可以称为奔“小康”的 UP 主了，到现在为止，大约挣了多少钱？

团子 2000 元左右。粉丝过万后，有很多机构和俱乐部来找我合作广告，但挣到的钱，我大多分给搭档和团队了。给搭档买了个 300 多元的麦克风，还给了他 500 元，给团队 1000 元，自己只留了 100 多元，给粉丝发礼物。

我做这件事情不是为了挣钱，而是乐在其中。而且我以后要学设计，设计属于艺术，艺术课程里面有一门叫 Media，就是传媒。那么我现在做视频剪辑，也算是为我的未来做准备了。所以，挣钱对我来说不是特别重要，积累的经验和我在 B 站收获的朋友更重要。

- 4 -

陈瑜 我发觉你很会找规律，这是你做事的习惯吗？

团子 是的，这也是我做数学题的习惯，就是反复去找最优解。比如，我知道了 1+2=3，2+1=3，我可能会想，还有什么方式等于 3？ 1+2=3 是最常用、最省力的解，但我会在性价比最高的答案范围之外，再去找性价比很低、没什么用的解，可能会意外地发现 −3+6=3，这个解好像也不错哦！就算是自己的一个乐趣吧。

我在打游戏时也会想，除了用这种方式过这一关之外，还有什么方法？我从地图外面绕一圈过去，会不会比从地图里面走快得多？我可能会有意外的收获，当然大多数情况下是不会有收获的。

陈瑜 但是你会去尝试一下？

团子 对，会去尝试，这是个人习惯。我会在找到一个能用的方法以后，在有条件的情况下去寻找更多的解答，寻找最优解，哪怕没有结果。

陈瑜 这种思考和做事的方式，是你自己探索形成的，还是别人教给你的？

团子 是因为我小时候有强迫症，所以发展出来的。

陈瑜 很多事情都有两面哦，强迫症不好的一面，让你作业做得慢，好的一面，让你有发展出不一样的路径的可能。

团子 对！

– 5 –

陈瑜 你小学和初中每天打游戏的时间多吗？

团子 我小学时不打游戏，因为我觉得做数学题很有意思。

九年级时我的手机升级了，用了两个月之后开始打游戏，也是因为进了国际学校，时间太宽松了，没啥事做。

我对游戏本身没啥兴趣，但游戏的机制很有意思，我会去想怎么可以打得更好。打着打着我发现，研究竞技游戏的打法更有趣，那么我为什么不把它分享给更多人呢？我在没有任何人帮助的情况下，打游戏从漫无目的的状态，变成有目的的状态，从有目的的状态变成了爱好，然后成了UP主。

我现在做UP主的原因也不是这个了，更多是为了我的团队和粉丝，还有就是为我的大学专业做准备。

陈瑜 你做的这些事情，爸爸妈妈知道吗？

团子 今年我爸爸学法律时，关注了几个UP主，他登错账号了，登的是我的，意外发现我有1万多粉丝，才知道这个事情。

陈瑜 他知道后是什么反应？

团子 那天正好我在睡觉，我爸爸进来说："儿子，睡着了吗？我给你买了你最喜欢吃的鸡蛋仔，明天可以吃。我看到你的B站账号了，有1万多粉丝，希望你可以保持下去，加油哦！"

陈瑜 哈，他的反应还是很积极的，出乎你的意料吗？

团子 主要是那天快睡觉了，他这样说让我很意外。后来，我爸爸说看我做了那么多视频，至少花了几十小时，希望我把更多时间花在学业上，但如果我真心喜欢，也可以合理安排好时间。

陈瑜 你现在每天在B站上花多少时间?

团子 现在比较少，以前学业没有那么繁忙的时候，每周4~5小时吧，去处理下动态、私聊，关注下最新资料。

我之前还运营一个有关英语书法的公众号。那是因为我2018年去贵州山里做义工，遇见了一个喜欢的姑娘，表白失败了，她人很好，说她们学校有很多活动，问我回上海后要不要去看看。

后来，我穿着她们学校的校服就去了，正好社团在招生，我看到有一个书法社团，以为是教中文的，结果发现是教英文书法的，就很好奇。后来听说社团的创始人想找人剪一个商业比赛的视频，我就主动帮忙，她就让我加入社团学习了，即便我没有她们学校的学生证，哈哈哈。

英文书法的圈子太小了，所以我们这些人设立了一个目标，就是在全国范围内普及英文书法，虽然听上去有点幼稚。

我们开了公众号，有上百人的微信群，目前群冷了，但公众号还在做。我在做公众号的时候，有个非常厉害的大佬看到我们的作品，加了我的客服号，给我提了些建议，问我有没有兴趣加入他们的小群，我说好啊。进去后发现，全中国最牛的大佬都在这个群里面，我受宠若惊。

学英文书法的人，基本都是 20 岁以上的大学生，初中生很少，所以当时为了推广书法，我就用同样的方式潜入其他学校内部，打通关系，找到几个学生会宣传部部长，联合他们一起举办书法活动，当时一起参与的有七八个学校。

后来我主要精力放在了 B 站，书法社团的创始人也出国留学了，所以公众号停更了很久。怎么说呢，我们没有达到目标，但也算很好的经验和美好的回忆吧。

陈瑜 你学什么东西都能搞出很多名堂啊！学视频剪辑，当上了 UP 主；学英文书法，开了个公众号，还加入大佬群……好神奇！

你觉得是因为你比较特别，会在课外琢磨和投入这些事，还是说现在挺多孩子都是这样的？

团子 我觉得我和别人还是不太一样吧，这个“不一样”没有褒贬的含义。

其实这些都是我舍弃了很多东西换来的，比如，我去贵州当义工，舍弃了新东方的学习，导致我现在英语学习压力很大，但是认识了喜欢的女生，我认为这很值得。

再之后，我学书法、创建公众号，当时把时间都投入在这上面，牺牲了和同学社交的时间，所以在学校里没有多少朋友，但我也收获了很多真正靠谱的朋友，而不是狐朋狗友，这也是值得的。

- 6 -

陈瑜 你的学习和生活，自己折腾的空间好像蛮大的，爸爸妈妈管得不多？

团子 我觉得老爸有一句话让我受益匪浅：“我们可以不比别人优秀，但一定要比昨天的自己优秀，哪怕进步只有一点点。”妈妈则是一直鼓励我去做自己想做的事，同时也会告诉我底线是什么。

陈瑜 你觉得如果一个孩子有比较多的自己可以支配的时间，他是不是会自己去发展？

团子 光有时间不行，关键要有目标。

我朋友圈里面，有很多人凌晨 4 点还在抖音上发搞笑小视频。我感觉家长在孩子小的时候，可以用威逼利诱或者等价交换的方式让孩子读书，但孩子大了以后，自己就会毫无限制地放纵，以前刷抖音几十分钟，现在可以刷一整个晚上。就好比一个装满水的瓶子，被扎了很多洞，水到处乱喷。他们不知道自己的目标是什么，就是在浪费时间。

这个目标是要他们自己建立起来的，否则完成了高考的目标后，就不知道自己该干什么了。

陈瑜 你说得很对！不过我接触下来，感觉现在很多学生苦恼于没有目标，可能是因为一直以来被家长控制和替代，放弃了自己的思考和选择。

团子 即使你没有目标，但如果你有爱好，那也会促使你自律。

我现在有个新爱好，学编程，我在空闲的时间会很想去做这件事。

爱好还有一个很吸引人的地方，就是可以让你找到同伴，就像我加入的书法社团，我的 B 站团队，我们都是有同样爱好的人，在向同一个目标发展。自己懈怠的时候，朋友就是督促你进步的动力，最终会成为良性循环，这是很棒的事情。

陈瑜 你为什么就能进入这种良性循环?

团子 及时行乐的诱惑是大于爱好的，你玩了一把游戏，很可能还想继续玩。手机对我的诱惑也很大，但是我找到了比手机诱惑更大的爱好，我写书法、画画，这种时候连玩手机的想法都没有了。

适当切断自己与外界的联系，有时会更有助于自己爱好的发展。我干自己想干的事情时，会把手机调成飞行模式。如果还是忍不住想看下手机，我就会把手机放得远远的，让自己懒得再站起来去拿。

这样沉浸在自己的事情里，我可以做一天，有时连午饭、晚饭都忘了吃，所以首先要找到爱好。还有一点很重要，就是要进入状态，用游戏语言来说，就是要进入“读条状态”。

父母也可以帮助孩子进入状态，可以询问孩子："你画画时，要我陪你待一会儿吗？我在这工作一会儿，过会儿再走，可以吗？"

陈瑜 你以后一定会成为一个好爸爸。

团子 哈哈哈哈哈。

陈瑜 我们约采访时，你发给我一句话，我印象特别深，你说，"我努力学习，为了当一个普通人"。怎么解释这句话？

团子 我的职业理想是成为一名设计师，目标也就仅此而已。

我是一个普通人，踏踏实实做自己，不为钱发愁，有稳定的生活，健健康康，多陪陪家人，就很好……

采 访 手 记

你有胆识让孩子“不务正业”吗?

访谈过了三个多月，团子兴奋地和我分享后续：“我被B站的产品经理邀请到B站总部做嘉宾了。”

B站出了一个剪辑软件，负责团队找到他和另一个UP主，面对面讨论，听取他们的建议。

“厉害啊！这么多UP主，挑中了你！”我真心为他开心。

他谦虚地说：“是蛮幸运的。”

互联网让这一代孩子得以深度地嵌入社会，拥有唾手可得的学习资源，跨越年龄和地域的社交可能，将想法变成产品的创造机会……十几岁的孩子在今天这个时代，是有自己的话语权和参与权的，只是不一定在大人们熟识的场域，也不需要被授权。

一个朋友前两天惊讶地发现，女儿的微信账户里有8000多元。

一问，原来正在读八年级的小姑娘是一个流量明星粉丝团的短视频剪辑师，专门负责抖音平台，薪酬标准是 100 元 / 条。

孩子们背着我们可忙了！忙什么？跟你解释你也未必听得懂。知乎上有个热门帖，介绍 70 多个青少年亚文化圈，局外的成年人就算有心了解，也会读着读着败下阵来。

如果搞不明白，咱们就先别忙着评判和否定。

不就是担心孩子的学习因此受影响吗？如果孩子成绩稳定，你会准许吗？你会不会“得寸进尺”地嘀咕，如果孩子不干这些，有更多的时间学习，是不是成绩就能更好些？

在回答这些问题之前，请再添加一个思考的维度：这些看似“不务正业”的孩子们实质上也在学习，学习如何在真实的场景里解决实际的问题——这一点，学校没教。

06

我希望老师和妈妈心情都能好一点

依依／女生／一年级／湖北

一年级女生依依，刚上学才两个月，是“少年发声”迄今为止最小的被访者。

起先，是依依妈妈添加我的微信号，咨询有关孩子作业的问题。

依依妈妈 你好，陈老师。我家孩子现在天天说不想写作业。老师因为孩子的学习态度急得要崩溃了。
今天我真的想大哭一场，心里好难受。
孩子上了两个月课，结果语文课本讲的知识都没记住，课堂作业完成不了。只要一写作业就跟我说不想写，不会写，动不了笔。课堂测试，两节课的时间还是做不完。

陈　　瑜 其他同学有跟她类似的情况吗？

依依妈妈 她班上的同学大多能跟上老师的节奏。数学老师给我打了两次电话了，说我们孩子思维很差，要多练习。

陈　　瑜　嗯，听上去，可能孩子有先天的读写障碍。建议带孩子去武汉当地的儿科医院、儿保科做一个医学评估。

依依妈妈　她有中枢协调障碍，小时候发育迟缓。她除了学习外，什么都能记住。她还会骗我们说没有作业，后来老师给我发一个月的拼音书写作业，要我们督促孩子补。但那时我也没有发火，默默地帮她完成。只是最近的考试，她倒数第一，我就情绪崩溃了，把孩子打了一顿，自己也大哭一场。现在一想她作业的事，我就想哭。本来她就可怜，4岁没有了爸爸。

陈　　瑜　你女儿愿意跟我聊聊吗？

我想和这个孩子聊聊，听听当事人的心声。

几年前，“大不同”做过一场台湾漫画家朱德庸的活动，朱德庸曾分享说，他当学生时，也深受读写障碍的困扰。

每天放学后，他会在自家的院子里玩一会儿。妈妈一喊“朱德庸，做作业”，他就立刻落下两行泪来，每天如此。

“我是成年后才知道自己有读写方面的问题，小时候也没有这个概念，所以大家都认为，朱德庸就是笨，就是蠢。”那次饭局，朱老师讲了一晚上的笑话，我最难忘的是分别时，他很认真地总结说：“我是一个有童年创伤的人！”

访谈现场，我问他：“你想对小时候的自己说什么？”他回答说：“如果可以回到过去，我会抱一抱那个墙角的自己，然后谢谢他那么勇敢地坚持下来，不受别人的影响，造就了现在的我。”

依依是不是另一个苦恼的小朱德庸？

电话里，她常常会唉声叹气。我该怎么形容这个7岁小孩的叹气声呢？很用力，像大人一样，表现出一种“我好难啊”的感觉。每次听见，我既想抱一抱她，又会不厚道地偷偷笑一笑。

依依的底色还是明亮的，甚至拥有一种令人感动的上进心和这个年龄的孩子难得的幽默感。

她是我采访过的所有孩子里对我最好奇的，问我小名叫什么，住在上海哪个位置，小时候老师对我严格吗，当记者难不难，平时谁接送孩子上学放学，“人生大不同”和“少年大不同”分别在干什么……

回到课堂里的每一天，对依依来说都不容易，好在她才当了两个月的学生，没有受太重的伤；好在她的妈妈和老师了解了她的状况，已经在为她谋求改变。

事实上，每颗种子都渴望发芽……

- 1 -

陈瑜 你妈妈说，等下我们聊完后，你还要去上补习班，是吗？

依依 是的，要去上英语课。我星期五放学后，先上语文课，再上数学课，都是网课；星期六上英语课；星期天上午上写字课，下午上英语课；星期三晚上还有一节写字课。

陈瑜 你喜欢上这些课吗？

依依 英语课还是可以上的，因为英语课不在早上。早上就很麻烦，因为上学时中午睡不好，我要补觉。

陈瑜 我们这边的小朋友中午好像没有午觉时间，你说的睡午觉，就是趴在桌上睡吗？

依依 是啊，哪里还有床给你睡啊！

陈瑜 哈哈哈。我问你呀，你喜欢幼儿园还是小学啊？

依依 幼儿园！幼儿园可以睡到下午 2 点才起来，小学睡到 1 点多就要起来上课了。

陈瑜 你就是没睡够。

依依 对啊！

陈瑜 幼儿园除了睡得比较多，还有什么好的？

依依 我们幼儿园可以管饱，现在的学校，不管饱。

陈瑜 哎哟哟，睡不饱、吃不饱啊，这真是有点麻烦。

你当时报名上小学的心情怎么样啊？我记得我幼儿园大班时，特别期待成为小学生。你呢？

依依 我不想上小学，我想接着上幼儿园。

陈瑜 为什么不想上小学呢？

依依 幼儿园有好朋友，可以一起玩。我们小学不像幼儿园，下课只休息 5 分钟，喝水，上厕所，把下节课的书本、文具准备好。上课要上 45 分钟。

- 2 -

陈瑜 一年级上了两个月，你觉得最难的是什么？

依依 写作业。我现在报了一个写字班，准备再报个拼音班。学校拼音教得好快，我还没掌握。

陈瑜 你上幼儿园的时候，妈妈给你报过拼音班吗？

依依 报了一个幼小衔接班，然后疫情来了，没再接着上。现在我准备重新报，从 a、o、e 开始。我打算先把字练好了，再让我妈妈给我报个拼音班，再学一遍。

陈瑜 为什么要先学写字，再学拼音呢？

依依 因为我的字写得乱七八糟！写不好，总是要擦擦擦擦。

陈瑜 是老师觉得你没写好，还是你自己觉得没写好，要反复擦？

依依 我自己觉得没写好。我们写字班的老师对我们比较严格，写不好，要抄一排。

陈瑜 你觉得写字班对你有帮助吗？

依依 有啊，可以写好字啊！写字班每天都布置家庭作业，我要做两小时吧。

陈瑜 一年级，要做两小时的课外作业，还真不是一般小朋友做得到的。

依依 对哦。

陈瑜 你当时觉得字写得不好看，是你主动跟妈妈说，想去报个写字班，还是妈妈跟你建议的？

依依 是学校老师建议的。

陈瑜 在学校课堂里学写字，这件事情对你来说难吗？

依依 就是老师教的速度快，我有些字不会写，得抄好半天，才能写完一排。

陈瑜 你用的时间会比其他小朋友多一点是吗？

依依 对啊。我现在好累，每天都要考试、考试、考试……唉……

陈瑜 你要写多少遍，才能把一个字记住呀？

依依 我得写 100 遍。

陈瑜 你会不会写的时候记住了，但过两天又忘了呢？

依依 是啊！

陈瑜 所有学科，哪一门最让你头疼？

依依 语文和数学。语文是因为要写字，写不快；数学是因为没有拼音，字不认识，所以数学题目容易丢分。我数字也写不好，所以得报写字班。

陈瑜 那你每天学校作业加上补习班作业，要做到晚上几点钟呢？

依依 11 点。

陈瑜 不会吧，你才一年级呀！

依依 作业好多。

陈瑜 你几点钟睡觉？

依依 11 点。

陈瑜 有点太晚啊。

依依 对呀。我吃完晚饭先睡一会儿觉，起来再做作业，做完再睡觉。

陈瑜 你同学补课补得多吗？

依依 基本上没怎么补课，就是我补课。

陈瑜 你觉得写字慢的原因是什么？

依依 就是写不好，每天擦擦擦擦。

陈瑜 烦心吗？

依依 好烦。

陈瑜 你觉得把你的一些写字作业变成口头作业怎么样？

依依 说话我没问题，如果只是说，我都可以教妈妈做作业了。妈妈不会做的，我都可以教！

陈瑜 就是说，如果是口头作业，连妈妈你都可以教，但是要写字的话，就会比较难一点。

依依 对啊！

陈瑜 那你觉得让你妈妈跟老师说，把你的作业更多地变成口头作业，这是一个好建议吗？

依依 那把我的作业给你做，行吗？

陈瑜 哈哈哈哈哈哈哈，你希望我帮你做吗？

依依 对啊。

陈瑜 你好可爱啊！或者叫你妈妈跟老师说，把你的书面作业减少一点。

依依 老师布置的，我都得做，还要找老师批改呢。

陈瑜 如果二年级、三年级的功课越来越多，学业越来越难，你会担心吗?

依依 我担心，所以现在报补习班。

陈瑜 你有信心通过自己的努力，把学习成绩搞上去吗？很有信心，就打 10 分，没有信心，就打 0 分，你打几分呢?

依依 打 100 分。

陈瑜 哈哈，100 分啊，为什么呀?

依依 我喜欢 100 分。

- 3 -

陈瑜 写字有些慢，考试成绩不是特别理想，老师会来找你吗?

依依 老师叫我在家里重考一遍。

陈瑜 重考一遍，成绩会好一点吗?

依依 我也不知道。

陈瑜 老师有跟妈妈说什么吗?

依依 老师就说我速度有点慢。

陈瑜 妈妈听到老师跟她反映的情况，会跟你说什么呢?

依依 不跟我说。

陈瑜 你妈妈会说你吗?

依依 不说，用她的鞋板“伺候”我。

陈瑜 她打你吗？

依依 对啊。

陈瑜 她因为什么事情打你呢？

依依 我也不知道。她打我，我打她，对打。

陈瑜 你还记得最近一次，她是因为什么事情拿鞋板“伺候”你吗？

依依 她就是嫌我不听话，就打我、打我、打我，然后我就打她、打她、打她。

陈瑜 这次发生了什么事情，妈妈说你不听话呢？

依依 她说我太不听话，一点用都没有，唉……她就喜欢打我、打我、打我，我都气死了!!!

陈瑜 打人好像不太对，如果你跟她讲道理，她会听吗？

依依 她不听！

陈瑜 你有努力跟她讲过道理吗？

依依 努力讲过，她也不听啊，唉……

陈瑜 她会因为学习的事情打你吗？

依依 没有，没有没有。

- 4 -

陈瑜 你平时每天去学校，是觉得“还挺开心的，我要去上学啦”，还是说“我又要去上学了，有点压力”，你是哪一种呀？

依依 我是有点压力呀。每天都想睡觉、睡觉、睡觉。

陈瑜 你为什么每天上学都很想睡觉呢？

依依 因为没有自由的时间。

陈瑜 如果多给你一些自由，你想干吗呢？

依依 （高声）我就玩呀！

陈瑜 哈哈，你喜欢玩什么？

依依 玩扑克牌呀什么的。

陈瑜 在学校没有玩够对吧？

依依 对呀，我们幼儿园还有扑克牌玩呢！

陈瑜 双休日有时间玩吗？

依依 没时间玩，不是还要补课嘛！

陈瑜 现在每星期玩的时间有多少呢？

依依 没有！

陈瑜 哎哟，我要抱抱你了，现在玩的时间一点都没有啊？

依依 对呀！没有，没有！

陈瑜 那你会跟小朋友约好出去玩一会儿吗？

依依 没时间！

陈瑜 你叫妈妈陪你玩。

依依 妈妈不陪！

陈瑜 你们俩平时会一起出去看看电影啊、吃吃饭吗？

依依 现在没有，以前有的。有一次，她说我做完作业就带我出去玩，我做完了，她也不带我出去玩，唉……

陈瑜 哦，那太令人失望了。

依依 是啊，唉……

陈瑜 你哭了吗？

依依 我很生气！她还给我布置了另外的作业，唉……然后，我写完了，她又给我布置、布置、布置、布置、布置、布置！

陈瑜 我挺能理解你为什么生气了。如果你生气了，是什么表现呢？

依依 不理她！

陈瑜 那你跟你妈妈说说，双休日好歹给你点玩的时间，对吧？

依依 对呀！我写完作业，她也不让我出去玩，就让我在家里自己玩。陈老师，就是这点不好，我没作业，妈妈也不带我出去玩。

陈瑜 你希望得到她的什么支持吗？

依依 我也不知道，唉……

陈瑜 又叹了一口气啊，依依。

依依 对啊。

陈瑜 你要我帮你去跟妈妈说一说，让她多给你一些玩的时间吗？

依依 （小声）需要。

- 5 -

陈瑜 我听你妈妈说，在学校里，你很愿意帮着做事。

依依 我们班有班干部，她不在的时候，我就帮她管一下纪律。

陈瑜 是班干部请你帮忙，还是你自己主动做的？

依依 我自己想做的，因为我们班级纪律好差，我就来管管。要是我是班干部，我就严格点。

陈瑜 嗯嗯，下次去竞选吧，我相信如果你当班干部，一定会把班级带得很好，因为你很有自己的想法，也有责任心，一定是老师的好帮手。

依依 对啊。我想加入少先队，入队就可以敬队礼。第一批、第二批没有轮到，我就想第三批能不能轮到我，如果能轮到，我会很高兴的，我可以敬少先队队礼。

陈瑜 为什么那么想敬队礼？

依依 加入少先队，就能去搞检查，去检查大家做眼保健操啊、扣分啊、加分啊，都行。

陈瑜 哈哈哈，好可爱，你可喜欢做这些事情了，是吧？

依依 对啊，我喜欢。

陈瑜 如果给老师提一些建议，你会提什么？

依依 不要太严格，心情好的老师我才喜欢。

陈瑜 如果要给妈妈提建议，你会提什么？

依依 妈妈对我好点。

陈瑜 什么叫对你好点呢？

依依 就是心情好点呗。

陈瑜 你觉得妈妈现在心情不好吗？

依依 不好。

陈瑜 你怎么看出来她心情不好的？

依依 我不知道。

陈瑜 她有经常对你笑吗？

依依 没！就是骂骂骂骂骂骂骂，唉……

陈瑜 你会对着她笑吗？

依依 我不会，我对她生气！

陈瑜 那你心里最想对妈妈说的是什么呢？

依依 最想说“妈妈，等我长大了，你老了，我可以照顾你”。

陈瑜 为什么妈妈现在让你这么生气，等她老了，你还要照顾她？

依依 因为等妈妈老了，外公外婆他们就都去世了。

陈瑜 所以就轮到你来照顾妈妈了。

依依 对，轮到我了。

陈瑜 依依，我问你，你长大后想干什么？

依依 玩手机、看电视、玩扑克、玩雪花片。还有，我长大以后要当一个护士，救治病人，当医生也可以。

我看到小朋友打针，我都会扶住他，不让他动。

陈瑜 你想当护士，跟这次疫情有关系吗？

依依 有啊，我想救更多的人……

采 访 手 记

先别急着责备孩子“不用心、不努力、不用功”

“别的孩子能记住，为什么你记不住？”

“别的孩子能算对，为什么你算不对？”

“别的孩子能学好，为什么你学不好？”

……

没有那么多为什么，如果一年级刚入学，孩子明显跟不上学习节奏、成绩落后很多，先别忙着责备他“不用心、不努力、不用功”，可以带孩子去医院做一下专业评估，查一查有没有先天的生理机制上的问题，是不是属于原发性的学习障碍或学习困难。

该治疗的就治疗；该减轻课业负担的就减轻课业负担；该改变学习方式的就去改变学习方式……这样的孩子，尤其需要医教结合的科学养育。

为什么？因为按照目前教学的进度来要求学习困难的孩子，他们一路累积的只能是“挫败”，三、四年级开始厌学，到了青春期，给自己牢牢地贴上“蠢”“笨”“一无是处”“一事无成”的标签，有些标签一辈子都撕不下来。

但其实，有些疾病及早发现、及早就医，是能够帮助孩子改善的，甚至还能达到同龄孩子的水平。需要特别强调的是，不擅长考试不代表一无所长，他们的潜能或许在别处。

我有一位忘年交朋友，是一位以色列戏剧导演，年近80。他从小就有注意力缺陷方面的问题，后来才知道这属于多动症的一种。他被老师从小学骂到中学，终于熬不下去，16岁时辍学了。因为有一个叔叔正巧是电影院的检票员，所以无所事事的他成天泡在电影院里看电影。渐渐地，他发觉用讲故事的方式来探讨人性，是他感兴趣的。

而今天，他是“以色列戏剧终身成就奖”获得者，至今仍以每年编导一部戏的节奏在创作。他同时在全世界教授心理剧，希望用戏剧的方式为人们疗愈创伤。他说“因为我曾经是受益者”，他身上有一种令人感佩的使命感。

所有的疾病，发病率乘以中国的人口数，就会得出一个高得吓人的数字。单以导演提到的多动症为例，中国的患病青少年多达2000万，他们挣扎在全国各地的学校。而从趋势来看，有各类学习困难问题的孩子似乎越来越多了，我曾就这个问题请教过不少专家，其中有两个原因，特别有必要让家长们了解：

（1）学龄前孩子把大量时间花在认字、算术上，缺乏运动，尤其是缺乏亲近自然的户外运动，会影响孩子感知觉、视知觉的发育；

（2）与上一代相比，现在的学生一进入学校教育，就开始面临高强度的竞争，所以孩子们的问题暴露得更早、更严重。

站在问题一边，责难孩子，还是站在孩子一边，解决问题？这是家长们的立场选择。如果看到孩子所谓的“不用心、不努力、不用功”，你又开始搓火了，我教你一招狠的，其实这也是我常常对着那些“落井下石”的家长们憋着没说的一个质问：是你把孩子生成这样的，是你把孩子养成这样的，你凭什么怪孩子？！

“依依”们只是有点不一样的小种子，他们需要更丰沛的阳光雨露，需要爱和耐心！

07

我只想做个普通人，没什么远大的理想

小依／女生／十年级／上海

“我突然发现我的同桌有自残倾向，就很好奇，这算正常现象吗？”

“这次期中考试考得不好，家里给她的压力又很大。她说她妈妈开完家长会回来骂了她一下午，她一生气回自己房间就开始自残……”

十年级女生小依添加我的微信号，询问该如何帮助同桌：“有什么办法可以安慰她一下，制止她，让她改变宣泄方式？”紧接着发过来这样一行字，“……说实话，我也有点。”

我们每次聊天都在深夜，都是用文字，前后加起来差不多有5小时。

在我眼里，小依成绩很不赖，人有趣极了。我忍不住问她，为何要做伤害自己的事情。她说：“这是你对我的评价吧，我对自己的评价不会是这样的。”

- 1 -

陈瑜 通常孩子自残，是因为心灵的痛苦太大了，要用肉体的痛苦去遮盖或转移一下。

小依 对的。

陈瑜 一般发生什么事情会让你这么做?

小依 可能我们学校同辈压力太大了；还有被我妈妈骂，也不能说骂吧，反正考试考得不好就要挨批评——总之，心情很不好的时候就想自残。

我不想留疤，所以就用铅笔划手臂，会肿起来，出荨麻疹，但不会破，不会出血，会留下很小的伤疤。或者咬指甲，咬疼了就不想咬第二下了。

陈瑜 第一次用笔划自己或者咬指甲是什么时候?

小依 我从四年级开始咬指甲的，初中到现在都咬得快没指甲了。

陈瑜 那时是有什么压力吗?

小依 大概是做题做不出来吧。我经常考试时考着考着就把自己的手抠破了，抠破了才意识到。

刚开始的时候，是咬指甲旁边的皮，现在我基本是在吃指甲了，右手食指的指甲不到 1 厘米吧。我找把尺子……右手食指 0.7 厘米，左手拇指 1.1 厘米。

我大概咬了两年，爸妈他们才发现的。

陈瑜 那用笔划自己呢？

小依 初二升初三的暑假……可能是课报多了？压力比较大。当时还是期待着被他人关心吧，结果我妈妈发现了以后给我换了手机，说了句“你满意了吧”。

陈瑜 那次是他们发现的？

小依 我已经暗示得明白到几乎是直接说了。

陈瑜 你妈妈给你换手机，是想给你一点心理补偿？

小依 是这样，但是我想要的不是手机啊……

陈瑜 没有关心你实质的问题，就是换了部手机？

小依 对啊！换了手机以后，我就干脆不让他们知道了，他们也不会理解的。

这算不太常规的反抗吧。

陈瑜 用伤害自己的方式反抗？

小依 差不多。现在也不会这么反抗了，直接顶就是了，该顶嘴就要顶回去，不听话就不听话吧。

高一吵架的时候，划过两次，还破了，只是伤口很小。

有一次和我妈妈一边吵一边哭，我不想让她进我的房间。我妈妈就在那儿哭，感觉自己受到了挑衅，还打电话告诉我爸爸，我还得安慰她。

还有一次是因为莫名其妙的小事吵起来了。

陈瑜 为什么不想让你妈妈进房间？

小依 不想让她知道我在干吗，留点隐私。他们已经不让我锁门了。

陈瑜 吵完以后你是什么感受?

小依 难受，想哭又不敢哭，烦躁。

陈瑜 所以就划自己了?

小依 对，用铅笔划又疼又不留疤。

陈瑜 会让心里畅快些?

小依 对，至少自己会平静些。

陈瑜 对自己用这个方法感到害怕吗?

小依 有一次我把自己的手抠破了一块，结痂了，结果洗澡的时候痂掉了，流了挺多血的。

陈瑜 当时是什么感受?

小依 “啊，流血了”的感受。

比起划自己，我啃自己指甲啃得更可怕。咬指甲比较疼，我是往下撕，然后把里面那层啃掉，超疼的。

陈瑜 嗯，十指连心啊。

小依 嗯。

陈瑜 现在还会在难以忍受的时候，伤害自己吗?

小依 会的吧，所以我也没法劝我同桌改掉。

- 2 -

陈瑜 说说你的学习经历吧。

小依 小学刚开始时成绩也还行，到后来大概班级第三，不过我们班根本也不怎么样。

我隐约记得小学二年级期末考了 298 分，300 分满分，语文看图说话写错了一个词吧，结果被老妈拿来和一个 300 分的大佬比。

有段时间都抬不起头，相当挫败的记忆。

陈瑜 她说什么？

小依 就是相当经典的“别人家孩子”的句式。

陈瑜 每次考试都要被拿来和同学比吗？

小依 差不多吧……考不到第一，就会被比的。

陈瑜 班级第三，爸爸妈妈还不满意？

小依 我最后也没考进全区第一的初中啊，班级第一考进去了嘛。

其实小学课内还行，压力最大的是课外。英语口语大概一年级就开始学了，当时学得可痛苦了，被老爸老妈一左一右夹着，一边哭一边在那儿练听力。然后二年级开始补奥数，我妈妈找关系，硬给我报了学而思的超常班。

陈瑜 你妈威武！

小依 小朋友可不一定喜欢家长做这种事情……我坐在教室里，根本听不懂，做题也做不对，就一直很挫败。我妈妈大概高估我了，但是我也不敢说。

这种情况一直延续到初二，我完全听不懂了，然后就跟我妈妈大吵了一架：“这个课报了就浪费时间又浪费钱，对数学成绩也没用，你报个简单点的适合我进度的，还有点用！”在我的直接对抗下，最后她就退掉了。

不过我后来数学考不好，她还是会把这件事拿出来说。

陈瑜 你说你觉得这个班不适合你，但不敢说，那说了会怎样？

小依 会被我妈妈骂吧，她虽然说不会骂我，但是我小的时候她经常让我面壁思过，我怕了。

陈瑜 发生什么事情要让你面壁思过？要站多久？

小依 不记得了，就是一边哭一边站墙角。不知道为什么，我老是哭，我一哭我妈妈就更生气。后来她一吼，我就哭，我一哭，她就吼，鸡飞狗跳的。

当时我妈妈骂我的频率还蛮高的，以至于让我形成了三天一小骂、五天一大骂的错觉。

- 3 -

陈瑜 这一路参加课外班，拿过很多奖吧？

小依 就小学还拿过点奖，不算多，主要都用在小升初上了。

当时小升初不是有“小五班”[①]嘛，我妈妈超猛的，给我报了3个。

① 特指摇号政策颁布前，上海等地五年制小学生在进入小学第五学年时，为升入各大名牌初中，参加相对应的考试补习班。——编者注

小五班学习时间巨长无比，每次四五小时。她还给我报了一个奥数班、一个英语班，还要练手风琴。

那会儿好像一个周末有超过 18 小时的课，没坚持两周我就撑不下去了。这已经不是撑不撑的问题了，这是一个周末打四五趟出租车穿越中心城区、天天在出租车上吃星巴克快餐的问题。车费和快餐都太贵了！当然，我妈妈可能也怕我吃不消，所以撤了一些课，我勉强坚持下来了。

陈瑜 那小升初的结果你妈妈满意吗？

小依 后来我进了全区排名第二的学校，这件事他们一直叨叨到中考。

陈瑜 感觉你妈妈一直在追求最好的。

小依 对啊……十分感谢她摸清了我的实力，没让我追求全市第一的高中。

陈瑜 妈妈对你的初中成绩满意吗？

小依 我从预备班到初二，一直是年级 20～30 名吧，一个年级有 200 个人。在班级大概是第一到第四吧，很少跌出前四，所以她挺不满意的，班里还有不少考得比我好的呢。我整个初中也就拿过两次班级第一。

陈瑜 她还是希望你考第一？

小依 那肯定是。我记得当时在预备班考了班级第一，超级开心，但因为在年级里排第 13 名，被我爸嘲讽了好久。

陈瑜 你爸妈在对你高要求这件事上是一个阵营的？

小依 对，我爸爸因为当年高考失利走上了相当曲折的人生道路，所以对我要求挺高的，我妈妈也类似。

陈瑜 会不会感觉他们给你设定的目标太难达到了？

小依 当时会吧……现在无所谓了，我根本就不知道他们的目标在哪儿。

初三是矛盾最深的时期，在高中自招考的决胜之年，大家都很紧张，结果我一次比一次考得差，成绩下滑挺严重的，因为初三的题考的是准确率嘛，对我这种粗心的人相当不友好。

陈瑜 慌不？

小依 慌啊！一模考不好，自招"门票"都没有。我一模考得太差了，爸妈都快气疯了。当时考完正好快元旦放假，我就一个人躲在房间里，不敢出门。

他们进来就说一模分数什么的巴拉巴拉，骂我，很凶，我爸爸当时看起来快要打人了，我就哭呗……后来连新年都过得很惨淡。

陈瑜 他们说你不用功？

小依 我当时每天写作业要写到凌晨 1 点，他们也不好说我不用功。但那次考试我的确失误了，压力太大了。

陈瑜 你都那么用功了，还有什么可骂的？

小依 唉，考得不好，就该被骂。以这次考试为圆心，其他乱七八糟的事情为半径。

不过好在最后还是拿到自招“门票”了，进了现在这所学校。

陈瑜 你爸妈对你现在读的这所高中满意吗？

小依 满意啊，他们可满意了。我觉得到现在为止，能考到这么好的学校，也算是他们的正确决策。他们认为我要是进了第二梯队的学校，那就完蛋了。他们对我的要求是排名世界前五十的高校、华东五校或清华北大吧。

但是，我只想做个普通人，没什么远大的理想。

陈瑜 你定义的“普通人”是什么概念？

小依 能有份稳定工作，在上海租得起房，过得开心点，就差不多了，能养只猫最好。

陈瑜 你有什么职业理想吗？

小依 本来是医生，但是后来我意识到医生这个职业可能也是我爸妈的理想，所以现在还不太确定。

陈瑜 因为是他们的理想，所以你不想选了？

小依 有点。

陈瑜 如果完全不考虑家长的意见，你想去哪个学校读书？

小依 没想好，挑一个以后能赚钱的专业和还行的大学吧。听起来挺难考的那种。

陈瑜 不挑自己喜欢的大学和专业吗？

小依 我还不知道我喜欢啥，可能想选医学、工程类的或金融吧，范围很大。

陈瑜 嗯，其实大家一路都是在为分数奔忙啊。

小依 现在就是这样的吧，教育内卷得挺严重的。以前还有不靠读书出头的方法，现在基本没有了吧，大家就只能卷一卷了。

我能在这样的平台学习，按理说不错了。

陈瑜 老师和家长都是这么跟你们说的吧?

小依 对啊。

- 4 -

陈瑜 你刚才提到初三时作业要做到凌晨 1 点，这是常态吗?

小依 初三的时候，吃过晚饭 7 点开始写作业，写 3 小时数学、2 小时理化、半小时语文英语，大概凌晨 1 点能睡觉。

我们班有一个同学数学不太好，天天做到凌晨三四点，6：30 起床。

陈瑜 要命了!

小依 要命了! 每次看着阅读材料里写“青少年睡眠不应当少于 8 小时”，我都觉得是在嘲讽我们。

我们初三的时候，一个班 40 多人，每天半夜 11 点半之前能睡觉的屈指可数，绝对不超过 10 个。我们只能上课补觉，像我们班，上课睡觉都是普遍现象了。我也打过不少瞌睡。我依稀记得我同桌曾经一天 8 节课睡了 7 节课，根本叫不醒。我当时叫她，旁边一圈人都醒了，就她没醒。

陈瑜 那简直学出时差来了！你们上课睡成这样，老师很绝望吧？

小依 后来老师也不叫了，大家都有默契，谁快睡着了就自己站起来清醒清醒，或者站后面清醒清醒，很壮观的。

老师上课说“谁困了就站起来清醒清醒”，刷地一下站起来5个。

陈瑜 哈哈哈。（不厚道地笑抽）

小依 确实如此。你以为你隔座的同学站起来是要上厕所，实际上他是快睡着了，所以很自觉地站后面了，有较强的自我管理意识。

陈瑜 钢铁般的意志啊！

小依 太强了。不过我们初三的老师硬生生把我们班从年级倒数第一拖到了前面。

陈瑜 你们觉得苦吗？

小依 那必定苦啊，但是你又不能换学校又不能换班级又不能换老师。你总不能说“我走到这里，我今天不读了”吧。

陈瑜 不砸时间不行吗？

小依 我们学校大家都被迫砸时间。

陈瑜 提高学习效率，少刷点题呢？

小依 好问题，少刷点题是指少多少？我们当时单就数学应对一模考、二模考、中考的压轴题，大概一年下来，算上做过的卷子，刷过至少 150 道。物理老师在我们毕业的时候说，我们一年做了 200 张卷子。化学填完了 5 本书，大概每本一厘米厚的那种。语文和英语就和平些了。和平快乐的文科，鸡血死亡的理科。可喜可贺，可喜可贺。

陈瑜 理科做这么多题，是为了抓熟练度？

小依 嗯，高考应该也会是这样，但是中考更严重，中考里面的题真的就是刷了就会。

老师和我说，像高考的数学，你如果没有天赋，死刷题，满分 150 分考 135 分是上限，但是中考想进好学校，数学考 150 分都是下限。

陈瑜 满分是下限啊，就是不能丢分的意思喽？

小依 是这样的，比如说，你想在 Y 区考个“四校”① 玩玩，录取分数线是 601～614 分之间。但是中考满分是 630 分，语文先扣个 15 分（像我这种得扣 20 分），然后呢？英语还得扣 5 分吧，化学和物理吃表达的题多，再扣个 2 分，数学你不考满分，你进得了“四校”？当然，148 分也是可以的。

或者你不在落后区，比如在 B 区，考全市排名第一的高中，零志愿今年分数线 584 分，挺好，这就看家长买不买得起房了。能买到有两个第二梯队名校、生源又少的 H 区的房子，那就轻松了。

在竞争尤其激烈的 Y 区想一边摸鱼一边进“四校”，要不然

① 上海市高中排名前四的学校，统称“四校”。——编者注

就是巨佬，要不然就是白日梦想家。

陈瑜 哈哈哈哈，我觉得你可以去讲脱口秀。

小依 我能扯很多的，那都是血泪的教训。

知乎上能开开心心快快乐乐稳稳当当裸分考上排名第一那所学校的，看起来很轻松，但人家的“精通《点击》”（指中考古文的指定复习书目），和你的精通不是一种精通。

这种巨佬说学习简单、逆袭容易，绝大多数都是你学不来的。

陈瑜 另辟蹊径的意思？

小依 不是，人家那种是30多篇古文连后面半面纸缩字号的点评，都烂熟于心了。

陈瑜 嗯，另一个境界，世外高人。

小依 嗯。像我这种每次抽查前还在背的，都是靠我们语文老师神猜题活下来的。

陈瑜 哈哈哈。

小依 但是也有那种，就是原来的初中十分和平，人也十分和平，背背基础，爆分考进来的，而且还不少。

陈瑜 就是超常发挥？

小依 因为对其他同学的真实水平不清楚，不好这么说，但是看现在考试的成绩，是的。

陈瑜 那他们后面会很辛苦。

小依 对，他们现在已经很辛苦了，在及格的边缘试探。

陈瑜 我之前认识一个类似情况的孩子，现在休学了，压力太大了。

小依 可能你见到的会是比较极端、比较个例的孩子，但其实大部分都会一直撑着撑着撑着，撑到高考为止。这群人一直都会存在的。

像我们这次物理月考，满分 100 分，班级平均分 50 多，可能还是平行班里最好的了。这意味着只要你及格了，就是人上人了……我考得还可以，是比较快乐的那种人。

陈瑜 每次考试，接受一次暴击。那他们心态怎么样？

小依 大部分人都已经爆炸了。

陈瑜 “爆炸”是什么意思？

小依 指拿到卷子的那一刻放弃地微笑了一下。

陈瑜 哈哈哈哈，你真是脱口秀 QUEEN（女王）！

小依 脱口秀 QUEEN，指只有在键盘上才能唠出很多话的普通人类。

陈瑜 那我问你呀，你成绩不错，又是个有趣的人，为什么有时还会做用铅笔划自己、咬自己的事呢？

小依 习惯成自然，还有就是我是个“成绩不错，有趣的人”，这是你对我的评价吧，我对自己的评价不会是这样的。

陈瑜 你对自己的评价是？

小依 这就很难描述了……会想很多乱七八糟的事情，理科还行，文科爆炸，看起来漫不经心实际上超级在意，觉得自己是个垃圾，在键盘上超能说，现实中勉强能说。

陈瑜 你为啥觉得自己是垃圾？

小依 怎么说呢……自嘲可以有效缓解压力，也算是自我防御吧。当身边很多巨佬说自己菜的时候，你也说自己菜，装成巨佬，并获得少量的心理安慰。

- 5 -

陈瑜 你认为自己是所谓的“学霸”吗？

小依 我是个菜鸡，被巨佬摁在地上摩擦。巨佬那都是“四校”前 30，或者稳坐班级第一。

陈瑜 你见过不少巨佬？

小依 巨佬都去实验班了，我在平行班。

陈瑜 对于你在平行班这点，你爸妈接受吗？

小依 现在……也说不上接受，但他们已经认清了我很菜的事实了。

陈瑜 我以为你们会进入一段蜜月期。

小依 我要是进不了现在这所学校，大概就是冷战期了。进了，大概也就那样吧。

陈瑜 你现在在高中排名多少？

小依 刚进校摸底那次比较惨，我爸妈记错我的年级排名了，其实是中等偏下一点点，他们以为我年级倒数。所以这次期中考试，他们觉得我肯定会比上次好，就没给什么压力。我原本还在想，他们期中考试前心态怎么那么好？

这次期中考试，我在班里中等偏上。

陈瑜 同学们对排名是不是特别敏感？

小依 学生基本都是看排名的。家长也是。

陈瑜 现在补课还多吗？

小依 周六一天4门，还行，毕竟这是我自己要补的，不补不行啊。尤其像我们这种一路自招走上来的，大家都是补补补，在学校上课之前，就已经把要学的内容滚过一两遍了。能通过中考考进来，不补课还很强的，是很少见的。

陈瑜 你现在的状态跟小学和初中相比有什么不同吗？

小依 我爸妈管我管得少了，大概是因为摸底考给他们建立了良好的心理状态。

陈瑜 哈哈哈，虽然都是些不爽的事，但你表述得很幽默。

小依 都过去啦，这些事可能留下了挺多心理阴影的，但是说得很痛苦也没有意义了。

陈瑜 什么阴影？对你有什么影响？

小依 我自己一直挺没自信的，同学夸我，我还得找个人确认一下。有的时候，觉得自己蛮多余的。

陈瑜 就算考到第一，都觉得自己不行？

小依 我这次考试，班级数学第一、化学第一、生物第三、英语第六。要考到班级第一，还有进步空间。要考到年级第一，那是不可能的。

实验班是淘汰制的，所以我们平行班的同学都是抱着把实验班的同学挤出来一个是一个的心态去考的。

陈瑜 会影响友情吗？

小依 本来友情就不多吧。

陈瑜 你刚才说，有时会觉得自己多余，是什么意思？

小依 感觉自己什么都做不好，就会很挫败嘛，想着我爸妈在我身上投入了这么多钱，挺愧疚的。

说自己多余，就是因为有过自杀的念头，不过我是很惜命的。

陈瑜 那是几年级？

小依 一直都有，从初二初三开始，但是我不会真的这么做。

陈瑜 感觉自己有抑郁的情绪吗？

小依 还行，基本没有，不算多，心态是很正常的。自杀的念头，也就偶尔想着玩。

陈瑜 有自杀的念头，是因为觉得活得没意思？

小依 觉得自己太菜了，浪费我爸妈的精力和钱。

陈瑜 他们很强调“钱”这个点？

小依 我基本知道我所有课外班的价格。

陈瑜 你是否想过，他们在投资你去实现他们的目标？

小依 想过，他们自己在这件事上绕了弯路，想让我走得顺一点，顺便完成他们的理想吧。

陈瑜 所以他们来“修剪”你?

小依 对。

陈瑜 你认可他们的做法吗?

小依 说不上认可，但是习惯了，我现在和他们的交流不多了。接触越少，摩擦越少，他们对我的制约也没那么强了。大概是因为摸底考结束后，老师说我们班考得好的，家长都管得松。他们看管得松了，我成绩还不错，就安心了。

陈瑜 哎哟，神转机。

小依 我突然想起来，我上了高中以后，和爸妈吵架都是在摸底考之后。当时语文大滑坡，我和班主任谈话的时候没控制住，哭了。

说起来用哭来博取他人同情是不是特别卑鄙啊?但我真的不是存心哭的。我天生怕老师。

陈瑜 怕权威和师长?

小依 有点，我妈妈也是个老师。我妈妈只要不生气就没事，老师只要不找我就没事。

- 6 -

陈瑜 你跟同桌深聊过吗?

小依 暂时还没有，我们入校才三个月。但是我对她家长的情况了解得挺多的，她现在都不太想回家了。

陈瑜 她家长什么情况？

小依 大概比我父母还猛，一个做金融一个做计算机，赚的钱超多的，但是她家长觉得没意思，就想让她学生物。她虽然不排斥，但生物也不是她的优势学科。

陈瑜 她不排斥，那为什么这么痛苦呢？

小依 她家长总骂她，她忍不了。也不至于见到就骂，不过每周回家大概都会起冲突。

陈瑜 为什么骂她？就是因为成绩不够好？

小依 对。

陈瑜 她的手划成那样，她爸妈有看到吗？

小依 她和我说，要是被看到了，她妈妈会弄死她的，还好没看到。她住校嘛。

陈瑜 老师发现了吗？

小依 老师我就不确定了，我觉得没发现。

陈瑜 但听你说，好像挺明显的吧？

小依 相当明显……

陈瑜 其他同学看得到吗？

小依 看得到，但是我没看到有人问过，这种事情有些人不敢随便问的。

陈瑜 你问她的时候，她紧张或尴尬吗？

小依 我问她还好，她不让我告诉别人。

陈瑜 你有告诉她，你也做过类似的事情吗？

小依 有次晚自习，我们一起比画来着。

陈瑜 有什么原因吗？还是就是玩玩？

小依 大概那次测验没考好，就随便玩玩。

陈瑜 你们挺“嚣张”的。

小依 也没什么大不了的。我初中的同桌上课快睡着了，就直接用圆规戳自己。

陈瑜 你觉得你们会互相影响吗？

小依 还行。

陈瑜 有一种同盟感？

小依 同盟感说不好。有人愿意听我唠嗑，很难得。

我和我妈妈说话，第一遍她是听不见的。她和我说话，我听不见，她还不高兴。

陈瑜 你读了大学后，会和家里保持什么样的关系？

小依 被动联系吧……尽量不去找他们。

陈瑜 你内心觉得自己爱爸爸妈妈和这个家吗？

小依 爱？怎么说呢……说不好，怎么才算爱他们呢？

陈瑜 有恨意吗？

小依 恨意也没有，要恨就恨自己太菜了吧。

在普通高中过得充满自信虽然也很好，但是可能我会适应不了，没有竞争对手，放得太松，整个人就瘫下来了。

陈瑜 但有了激烈竞争，又觉得自己菜，跟家里起冲突还会伤害自己，不痛苦吗？

小依 都习惯了。

陈瑜 百炼成钢。

小依 算是吧。

- 7 -

陈瑜 你问我有什么办法可以帮助你的同桌，我认为更多的问题可能在于她父母。

小依 得从根源入手吗？

陈瑜 前提是她有多么希望改变目前的情况。

小依 也是，也许她习惯了。

陈瑜 她如果只是希望有一个相对宽松的环境，那可以跟信得过的老师沟通，让老师出面跟家长说：如果给孩子太大压力，孩子就容易考试焦虑，未来就考不上某某某学校——那是他们最在意的。

小依 这就看我们班主任的功力了，毕竟是年轻老师，不知道效果好不好。

陈瑜 你同桌住校，一周回去两天，好办些，就让老师跟家长说，恪守两条原则：（1）笑脸相迎；（2）不谈学习。

小依 的确，要是家长能做到这两点……

陈瑜 如果你们是小学生，必须要待在他们的羽翼下，那就要好好处理。现在大了，讨一个独立的空间，也是一个办法。

小依 的确，上了高中的同学都有一定的自我管理能力了。

陈瑜 越到后面，学业压力越大，家长如果做得不到位，孩子的压力会更大。

小依 这话也不能从我们这儿说，只能去跟老师沟通了，层层施压，连锁反应。

陈瑜 老师从教学经验和对学生观察的角度，给家长敲响警钟，其实也是顺理成章的事。

小依 的确。像我和我同桌，都挺想读了大学以后不受家长控制……现在的家长都把孩子越养越远了……

采 访 手 记

现在的家长都把孩子越养越远了

“现在的家长都把孩子越养越远了”，这句话特别触动我。

当孩子们求解无门、痛苦不堪时，就有可能在自己的身体上发泄。青少年自残这件事很隐蔽，但远比我们想象的要普遍。

小依把我的建议转告同桌了，但同桌说她不会那么做，因为“初中的时候试过，结果她的家长把老师说服了”。小依又补充说，她们对现在的班主任也没有信心，“太年轻了，而且给人的感觉就是认为学习高于一切的那种”。

“学校的心理老师可以信赖吗？”我又提议了一个人选。

小依有点担心：“找心理老师的话，带来的刺激也会很大吧。学生不到万不得已，一般都不会去找的。”

这一代的孩子还是这么理解心理咨询的，我心里有点失落。

前不久，一位妈妈从急诊室给我发来消息，说女儿吞了大把的安眠药，好在抢救回来了。她查看了女儿的手机，孩子前一天晚上一直在网上搜索心理咨询的热线电话。当时，她肯定求助心切。

如何为青少年构建他们乐于接受又易于获得的心理支持系统？这是一个时代性的大课题。如何回应，如何解决，关乎未来。

08

“你要承认，你有多么糟糕！”我妈妈常常对我这么说

小 D ／男生／十一年级／福建

小D在国内没能考进高中，于是选择出国，妈妈陪读。

这个男孩在“少年大不同”公众号里用英文留言，大致的意思是：我堂弟是天才，我姐姐是保送生，我是垃圾，但是我想越挫越勇考进大学，我该怎么办?

我们的交流全部通过微信。有空时，他就会发来一堆语音方阵，几乎不需要我提问。

我禁不住夸他：你非常真挚，表达很生动，充满画面感，而且，有自己的思考。

他立刻反驳我：“你的鼓励不真实，我妈妈说要真实。”

我对他的夸赞没有虚情假意的成分，或许只是与他妈妈常常在他耳边念叨的那句话相反：“你要承认，你有多么糟糕!”他内化了妈妈的评价和部分价值观，这可能也是他痛苦的缘由。

在整个成长过程中，他不断在向妈妈发出“求助”信号，但可惜，接收不畅……

本篇“少年发声”，是小D的自述。

- 1 -

我父母非常焦虑，尤其是我的母亲，焦虑到我在上厕所，她在外面噼里啪啦跟我讲个不停。

我该怎么应对这种情况？我报了一个英语课程，上厕所的时候听，放到最大声。可我还是能听到我妈妈讲话，但我就装作没听到。

我在网上做测试，我属于中度抑郁，重度焦虑。但我妈妈不相信心理医生，觉得浪费钱。

- 2 -

我出生在一个小地方，后来全家移居去了一座二线城市。

我两三岁才会说话和走路，智商特别低。4 岁上幼儿园，9 岁上小学。初中毕业没考上高中，因为当地中考升学率不到 30%，所以我就出国读高中了。

我从幼儿园开始，就是倒数第一。小学班级、年级倒数第一。初中班级 48 个同学，我排名三四十。

我是幼儿园最笨的小孩，也是全世界最笨的小孩。

我进幼儿园哭了两年，在小班时狂哭，整个幼儿园我哭得最久。每次一哭，就被抱去办公室，老师们就把我放在桌子上，让我冷静。

从来没人跟我做朋友，挺孤独的。

我还记得当时幼儿园有两个图书角，同学们都凑在一边，我在另一边。其实他们也可以过来，只不过他们不想和我做朋友，所以那里只有我一个人，成了我的专用 VIP 区域。当钢琴声响起，我会突然站起来或者坐下来，头转到一边，待在那里。

我小时候很喜欢看机械，比如，路边的挖土机，或者视频里的飞行事故记录，可以看几个小时，如果没有人把我抱走的话。我就是一个又呆、又傻、又木讷的小孩。

- 3 -

我小时候挺惨的。

差不多 4 岁的时候，在我学两轮自行车之前，我就可以骑三轮车载人，没人教就会。但是学两轮车就傻眼了，家里人教我，也很不耐心。我每天摔、每天被骂、每天被嘲笑：“你怎么那么笨啊！别人都学会了！”

邻居看到也嘲笑我：“看这孩子，将来肯定不会成功的，就看他学自行车学成这个样子。”

我就这样一直摔、一直摔、一直摔，摔了 3 年才学会。

你问我，为什么一定要学自行车？很简单啊，因为别的小孩都在学啊，我也要学嘛。现在骑得还不错。

小时候我被我妈妈打，衣架打断好几根，她用手指戳我太阳穴，我爸爸用手掌拍我后脑勺。有好几次，我的姑姑在旁边喊：“不要再打了，不要再打了！看孩子都哭成那样了。”

我小时候是左撇子，由于文化原因，家里人硬要我改成右撇子。我是改过来了，但是由于写字时笔画、笔顺、偏旁经常写反、写错，字也写得不好看，还经常手抖，所以被打了好几次，才改过来。

我每次进门，只要一看到我妈妈的鞋，就开始全身发冷、发抖。我跟妈妈讲，我妈说：“没事啊，你不是好好的吗?!”

绝望、无助……好在我还有另外一个人可以倾诉，他的名字叫作耶稣。我觉得没有人可以帮助我了，真的。

我学什么都比别人慢，有些东西学来学去，根本学不会。之前学爬栏杆，直接摔下来，差点磕到一块大石头，连命都没有了。

- 4 -

我小学一年级考试不及格，经常只有个位数的分数。我每天背很重很重的书包上学，大概有 20 多斤，因为我什么都带。

我的记忆力超级烂，背诵古诗背一周还是记不住，每次都被罚到走廊里背诵。大家都背完了，我跟念佛经一样，根本就背不下来。背其他的也很慢，刚背完的单词，一分多钟，马上忘记，很惨。

家长会帮我吗？当然不会，每天只知道催和逼，怎么会帮我呢？他们根本不清楚我是什么状况。如果我叫妈妈不要催我逼我，她就会说："好了，那我以后就不催不逼了，你到时候就看着办吧，爱干啥干啥！"

我就问自己：为什么别人都比我聪明？为什么我是世界上最笨的人？

我不知道我的天赋在哪里，可是我又很奇怪，虽然我是全世界最笨的人，我还是想读书，我还是很喜欢读书的。

我妈妈很不喜欢学习，她认为自己很厉害、很牛，不用学了。我很喜欢学习，哪怕在看电影的时候，我都很想学习。比如，看一部科幻片，我会闭上眼睛，想象那个画面。我真的很喜欢学东西，真的。

在我看来，在这个社会，不读书，就永远在底层。不读书，思维就不开阔。不读书，生活就不会富裕，更不可能幸福，一辈子碌碌无为。

我希望自己能考上大学，我的职业理想是当小学三年级到五年级的老师，这个年龄段的孩子单纯、善良、少叛逆，如果在三年级以下，又太小太难教。

我如果上不了大学，就是废物一个。

- 5 -

我一直以来都没有朋友，很惨，同学们把我的书本扔到外面、扔到垃圾桶。这样的事情天天发生。

老师过来说："你的书本呢？"

我很害怕，愣在那里。我要是跟老师说"我的书本被偷走了"，他是不会相信我的。

老师就跟我说："你想怎么样？既然你没有书本，就罚抄。"

于是我就被罚抄到很晚。

这就是我的一年级。整个小学差不多都是这样。初中也差不多是那个样子。

你可能会问我，为什么不回家跟家长讲？你认为我敢讲吗？我每次看到我妈妈的鞋子，就发冷发抖，你让我怎么讲？

我爸爸说别人打过来，我就打回去。别人欺负我，我真的是想打回去，而且不是用拳头打，是用铁棒打后脑勺，管他死不死呢……好在我没有真的这么做，不然我就监狱见了，那我就废了。

我知道别人打过来，我打过去是不对的。但人的善良是要有底线的，关于这个问题我也不想再谈了。

- 6 -

我有一个堂弟，还有一个亲姐姐。

我的堂弟，聪明伶俐，就是别人眼中非常非常成功的孩子，他十分有天赋。有好几次，我在做数学题，他脑子里早就有答案了，我还在那里死磕。

我亲姐姐呢？保送生，大学和研究生，都是保送重点大学。

我就惨喽，差生、笨蛋、垃圾、废物、白痴、怪胎、傻子、王八蛋、烂泥扶不上墙、猪脑袋、垃圾堆……我现在感觉，自己就是海滩上的垃圾，没人关心。人家海滩上的垃圾还可以废物回收，我一点用都没有。

你知道我妈妈怎么说吗？她说："你必须要承认，你有多么糟糕！你必须要诚实地面对自己。"

可以啊，我就是个垃圾，够诚实的吧。

我妈妈就说："每次我跟你讲话的时候，你就给我摆这个脸，你不想听了是不是？好，不听，随你便，到时候扫垃圾去。"

我妈妈只会安慰别人。别人有难处，我妈妈安慰别人。我有难处跟我妈妈讲，我妈妈只会说："你要诚实地面对自己，你要有内驱力，你要自强，你要努力，不要玻璃心……"

我妈妈就是这种人！

我把陈默老师的直播讲座发给我妈妈，我妈妈听了不到一半，问我："你这是给我听的？我不听！"

我让她听的东西，她都听不进去，她给我听的东西，凭什么我要听进去啊?! 还说要我尊重她、关心她，她关心过我吗？整个家里都是结冰的，她的心非常冷，怎么都融化不了。

你让我妈妈去看心理咨询师，白看，白花钱。我妈妈很聪明的，聪明到会撒谎，虚中有实，实中有虚，她可以把论据全部换掉，真的变假的，假的变真的。说白了，去心理咨询，就是浪费钱、浪费时间、浪费生命。

我父母还喜欢讲“活该”。我摔倒了，他们说活该；我学不好，他们说活该；我交不到朋友，他们说活该……什么都是活该！

我妈妈说，你不要每次都抱怨你有这个问题，你有那个问题……哑巴吃黄连，有苦说不出。

别人的家长都在改变，但是我妈妈就无动于衷。别人的家长都在进步，我妈妈还是这个样子。

最近有个辩论会，说要搞什么家长资格考试，给家长发证书。没意义！为什么？家长会应付考试，可以装作没有问题，但回家又开始焦虑，打孩子、骂孩子、语言暴力，那么请问，他们去考了资格证书有什么用呢？

如果没有解决家长自身的心理问题，只教他们如何教孩子，有用吗？根本没有用！

目前我最担心的就是上不了大学，如果上不了，那就前功尽弃了，什么都没有了，真的就是废人一个——这些大部分不是我讲的，也有我妈妈讲的，但我的确只有考上大学，才能实现我的理想：当一名小学老师……

采 访 手 记

打击孩子最狠的往往是母亲

母亲是为孩子的生命托底的人，任何人对孩子的打击，都不及母亲来得深重。倘若母亲容不得孩子的短板和过失，一路否定、贬损、辱骂孩子，那么大概率她会成为孩子成长过程中最大的障碍。

什么叫为孩子的生命托底?

我翻译过一本书——《妈妈和我，我和妈妈》，作者叫玛雅·安吉洛，是一位非裔美国人。

一个女孩在成年之前可能遭遇的所有不幸，玛雅几乎都经历了：

3 岁，父母离异，被抛弃在阿肯色州乡下的祖母家；

7 岁，被熟人强奸，5 年不说话；

13 岁，回到母亲身边，满心仇恨，拒绝叫她“妈妈”；

16 岁，想要验证自己是不是同性恋，意外怀孕，当上未婚少女妈妈；

……

一个女孩的人生有这样的开局，后面的篇章会是怎样的走向?

有意思的是，玛雅·安吉洛把自己活成了一个传奇，她的文学和艺术成就横跨各个领域，是美国知名度最高的非裔女性作家和诗人，同时还是歌手、演员、导演和剧作家，荣获三次格莱美奖和普利策奖提名。

她是马丁·路德·金的战友；她应邀在克林顿总统的就职典礼上朗诵诗作；她被奥巴马总统授予“总统自由勋章”，这是美国公民能获得的最高荣誉。

那么，玛雅·安吉洛是如何成为今天的自己的？常常有人问她这个问题，所以她写了《妈妈和我和妈妈》这本书来回应，她说，是妈妈的爱，塑造了她，培育了她，解放了她。

其实，当玛雅 13 岁被迫回到母亲身边时，她的心里是有一座巨大的冰山的，但她的母亲，那个叫薇薇安的女人，用伟大的母爱消融了它。

分享书里让我印象最深的母女间的三个故事：

16 岁的玛雅意外怀孕了，她瞒着所有人。那阵子母亲也正好在外地处理生意上的事情，当她知道这件事时，玛雅距离分娩只剩三个星期。

设想一下，如果你是妈妈，你会怎么做?

再设想一下，如果你是玛雅，你会期待妈妈怎么做?

玛雅的母亲到家后只问了她三个问题：

“你知道孩子父亲是谁吗？”

玛雅说：“是的，只有一次。”

母亲再问：“你爱他吗？”

玛雅回答：“不。”

“他爱你吗？”

“不。”

母亲很干脆地说：“好吧，那么就这样吧，我们不能毁了三个人的人生，你、我和这个家将要迎来的一个棒棒的小宝贝。对于那件事，就这样吧。宝贝，往前走。”

玛雅写道：宽心的泪水洗刷着我的脸，她没有恨我，或让我恨我自己。她给了我她一直以来的尊重，她关心我和我的孩子。

之前，她一直称薇薇安为女士，从这件事以后，她终于改口叫她妈妈。

第二个故事，发生在她当单亲妈妈的阶段，因为独自抚养孩子，又不想依赖母亲，所以玛雅一直辛苦地打工挣钱。

有一天，朋友介绍她去应聘一份脱衣舞娘的工作，薪水可观。她左右为难，于是，打电话征询母亲的意见。

好，再来设想一下：

如果你是妈妈，你会怎么做？

如果你是玛雅，你会期待妈妈怎么做？

玛雅的母亲听到这个消息后，是这么说的：“让我给你做一套演出服，你编一支舞，你不要光着身子在台上摆姿势，你一定要真正地跳舞。”

玛雅穿着和妈妈一起手工制作的演出服，伴着非洲鼓的节拍，跳起舞来。老板最终给了她这份工作，让她欣喜万分。

妈妈知道后对她说：“我并不吃惊。在这个世界上，你会走得很远，因为你敢于冒任何险。那是你必须做的，你一直准备着尽全力做你能做的事，即使没有成功，你也知道你应该再试一次。”

正是由于母亲无条件的支持和鼓励，玛雅凭借自己的才华迅速在整个旧金山地区成名，有了更多的机会，结识了更多的艺术家，可以说那是她踏上艺术和文学之路的起点。

第三个故事，发生在她已经成为知名作家之后。她写的一部电影剧本在斯德哥尔摩拍摄，她跟随摄制组前往，那是非裔女性的剧本第一次被投拍。

但让她苦恼的是，她被白人演员排斥和羞辱，女主角宣称，只要玛雅在片场，她就拒绝拍摄，而拍摄中途，男演员又要罢演。

玛雅给远方的母亲打电话，说：“妈妈，我需要你的照顾，我现在就需要。”

看她母亲怎么回应她：“宝贝，如果今天有飞机从旧金山飞往瑞典，我一定在上面。你明天一早到斯德哥尔摩机场接我。”

是不是觉得特别给力！没错，这就是母亲的使命，为孩子托底，哪怕遭遇全世界的白眼，母亲依然把她视若珍宝。

来到女儿身边的每个早上，她都说同样一句话："嘿，宝贝，进来，给你咖啡和一个吻。"她经常让玛雅邀请片场的演员来家里做客，为他们准备丰盛的菜肴，她是一个健谈的人，会逗朋友开心。

过了一阵，剧组的人对玛雅的态度不一样了。她在书里总结原因，写道：那是因为我有一个妈妈，我的母亲在人前人后夸奖我，她在我的背后支持我，这就是妈妈的角色。在斯德哥尔摩，我的身边流淌着母亲守护的爱，因此人们感受到我有价值。

当女儿的人生陷入一次又一次困境时，玛雅的母亲就是这样温暖而又坚定地站在她的身旁。

故事结束在母亲的病榻旁，玛雅握着昏迷多日的妈妈的手，说："有人告诉我，有一些人需要获得准许才能离开。我不知道你是否在等待，但是我可以说，你或许已经做了来到这里该做的一切……你是小小孩的糟糕妈妈，但作为一个年轻的成年人的母亲，没有人比你更伟大。"

就是这样，就算跌落到生命的谷底，有母爱的托举，孩子依然可以焕发出澎湃的能量，无所畏惧，勇往直前。

09

我每天上学的心情都是“欢乐无比”

小米／女生／八年级／上海

小米总是乐乐呵呵的，笑起来喜眉喜眼。

她在公办学校读书，成绩班级前五、年级前二三十。重点是，她是我采访或平常认识的孩子里，第一个用“欢乐无比”来形容上学的心情的。

小米生机勃勃，说话时有丰富的面部表情和肢体语言。我喜欢和她聊天，从尸检时死者身上尸斑的鉴定，到南美洲生物的多样性，话题丰富而有趣。

更让我惊叹的是，虽然她只是一名14岁的学生，但对各类教育议题有一种高屋建瓴的独到见解，常常切中要害。

我不知道仅是我的个人经验，还是有一定的普遍性，我接触的00后孩子似乎非常两极化：一端，见多识广，比我们当年厉害太多；另一端，也有大批的孩子被修剪得了无生气，黯淡无光。

毫无疑问，小米是眼里有光的孩子，她的未来充满可能性……

- 1 -

陈瑜 你对自己的成绩满意吗?

小米 我自己是满意的，但因为我们是公立学校，即便你已经在非常顶端的位置，你还是不知道上海市的顶端在哪里，你不知道真正的学霸到底长什么样。

陈瑜 你不认为自己是学霸?

小米 我属于普娃里面比较牛、牛娃里面比较末的那种。即便认清自己绝对算不上学霸，我心态依然很好。

陈瑜 为什么有那么好的心态?

小米 我觉得我爸妈给我的压力还是很小的，补课都是我自己提的。如果某门学科单靠自己跟，跟不到拔尖了，我就跟我妈妈说，我要补课。

陈瑜 你在学业方面有自己的要求?

小米 有的。在学校的时间，我抓得非常紧，上课认真记笔记，课间会赶完不少作业。

其实，这就是一个孩子很简单的思路：早做完，早玩。前提是你做完功课，真的可以玩。而不是做完了之后，还有好多的功课。

我小学一年级时，爸妈可能并没有挖掘出自己的一套教育体系，还处于跟风的状态，看别人怎么带孩子，他们也怎么带孩子，也给我布置课外作业。那时，我就故意把作业拖得很晚，这样就可以少做课外部分。不过后来他们就不给我布置课外作业了，也觉得没有必要。

陈瑜 做完功课后的自由支配时间干吗？

小米 看课外书。我特别喜欢的一本书叫《法医报告》，还有一本名字比较惊悚，叫《尸检报告》，其实没有那么重口味，主要还是讲一些我觉得蛮哲学的东西。

我很喜欢这样的书。当初为啥会买这些书呢？我也不知道，可能就是被书名吸引了，但现在看来，对我的用处是很大的。

陈瑜 你说书里讲一些蛮哲学的东西，是指什么？

小米 我们家有亲人相继离世，它教会了我怎么面对死亡。

《法医报告》的作者有一个观点我很认可，“死亡是生命的起点”。死亡并不是对死者而言的起点，而是对于他周围的生者来说，是一个全新的起点。经历了一个人的死亡之后，你看待世界的眼光会不太一样。作者说，我们每一天都在面对死亡，所以“我们敬畏死亡，但是我们并不畏惧死亡”。我希望能够尽可能地达到跟作者一样的心态。

陈瑜 可能是我的刻板印象，好像很少有女生会对法医、尸检这类题材感兴趣，是什么吸引了你？

小米 我特别喜欢生物科学课，这个方向的东西我都蛮感兴趣。

我很喜欢小动物，但我爸爸有轻微强迫症，还有洁癖，不让我养狗，所以我从两三岁开始，就跟着家人去小菜场地摊上买那种小小的锦鲤养。好喜欢！我可以盯着它们观察很久，凝视，看它们怎么摆、怎么动，看它们每块肉是怎么长的。

我很期待第二学期的生物课，会解剖鲫鱼和青蛙。

很多人看科普纪录片会睡着，我是无论看多无聊的纪录片，都不可能睡着。从小看到大，BBC 好多纪录片，有空就看。有些我特别喜欢的，还会二刷，像《七个世界一个星球》，南美洲那一集，我刷了三遍。我好喜欢南美洲的多样性，地球上最湿润和最干旱的地方，其实都在南美。

陈瑜 感觉你对知识的掌握远远超过考纲要求的范围，会在课外根据自己的兴趣爱好去精进、去思考。身边和你一样的同龄人多吗？

小米 不多。我有一个志同道合的同学，跟我一样，特别喜欢研究神神道道的玩意儿，他喜欢研究科技。我不喜欢他的性格，但在精神层面聊得来，我们会分享各自关注的科普知识。

- 2 -

陈瑜 每天上学心情如何？

小米 欢乐无比！我暑假放假，在家里非常无聊，所以我很喜欢寒假，因为寒假作业量中等，放假时长也刚刚好。

陈瑜 我采访的以及平常认识的孩子里，描述上学心情用“欢乐无比”的，你是第一个。

小米 真的吗？我小学时也不怎么喜欢上学，感觉很无聊，但我中学的老师和同学都很美好，我就特别喜欢上学。

但周末该休还是要休的，别指望我一周七天全勤，我拒绝“996”，哈哈。

陈瑜 你喜欢什么样的老师？

小米 三个主课老师，我都特别喜欢。

我喜欢英语老师，是因为他会把考试不考的东西全部列出来，他不管我们能不能掌握，只要和这个知识点有关，全部布置下来，让我们自己看着办，有不懂的欢迎随时来问。这个老师虽然是老教师，但是很豁达，一点都不保守，上课方式超 open（开放）的。我很喜欢这种。

我们语文老师属于稍微保守点的老教师，我喜欢她是因为她对作文的态度。我们用老舍和朱自清两位作家来比喻，朱自清那种华丽的辞藻、优美的文笔，我是很不擅长的，所以我对朱自清的作品，除了写“爸爸买橘子”（出自朱自清的散文《背影》）的那篇，其他的好感度都比较低。老舍就属于朴实无华、真实动情的类型，我偏向于老舍型。

陈瑜 你们老师能欣赏你吗？

小米 我们老师能同时欣赏这两种，好作文她都喜欢。

有些老师特别偏爱朱自清，希望你去堆砌华丽的辞藻，我对这点特别讨厌。朱自清虽然堆砌辞藻，但他堆得好啊，至少堆得不会让你感觉不舒服，但有些同学就是堆过头了，没有真情实感。

比如说，吃番茄炒蛋，朱自清派会说“入口即化，酸酸甜甜”。我描写番茄炒蛋呢？“吃进去的瞬间，有些许酸涩和甘甜”——就是准确地描述该食品，是真实的，就像新闻报道的感觉。不用什么都来个“入口即化”，如果啥都入口即化，你长牙齿干吗？

陈瑜 哈哈哈哈。那数学老师有什么特别让你喜欢的？

小米 数学老师就是有什么问题，你尽管来问，不管问题多傻，他都回答。但如果问题太傻了，他会批评你两句，这也是人之常情。即便已经讲了好多遍，他还是会给你再讲一遍，再讲一遍。

有些同学数学就是烂，怎么讲都不会，我们老师还是很耐心。你来问，我就讲。不来问，老师会不开心——你都不会，为什么不来问！一个有耐心的老师，就已经是值得我喜欢的老师了，可以这么说。

还有些老师我喜欢，是因为我喜欢这门学科，比如地理。我对地理特别有热情，经常动不动就去找老师提问题，都是跟书本没啥关系的地理问题。这个老师会一直叨叨叨叨，上课了还不放你回去。所以学生对一个老师的好恶跟他教的学科也是有密切关系的。

陈瑜 如果碰到一个老师和他教的学科，你都不喜欢，你会怎样？

小米 学历史就是这样的状态。我不喜欢它的一大原因是觉得学起来好累啊，要抄书上的知识点，太累了。其实历史老师本身是个很可爱的老师，很优秀。如果不是因为有中考，我觉得历史课会上得更有趣。但为了得分，只能死学死记，没有办法。

- 3 -

陈瑜 你有什么优势学科吗？

小米 以前是地理，随便怎么考，我肯定第一。但会考结束，地理不学了，我现在只剩美术拿手，随便考，都是第一名。

陈瑜 有这样的优势科目，对你自信心的培养是不是有帮助？

小米 一定有帮助！如果你每门学科都稀烂，自信会大打折扣。

我妈妈一个同事从来不看《最强大脑》，理由是“心理会不平衡”，她无法接受自己的孩子是一个普通孩子。

我觉得你不能要求每一个孩子都是神童，也不能要求每一个孩子一定有某个方面是特别好、特别拔尖的，这不现实。一个孩子各方面都普普通通的，这也很正常。

陈瑜 所以这些事情，你都还看得蛮通透的？

小米 对，我是这么认为的。

陈瑜 对未来的专业或职业选择，有什么样的规划?

小米 我小时候学画画，特别喜欢，我美术很好。我买了一本物种日历，它每一周都有一个物种的水彩画，我看见比较好看的，就临摹下来。所以，我小时候一开始的梦想是服装设计师，很多女孩子小时候都有这个梦想，觉得模特好优秀，amazing（令人惊叹），是吧？但是，这个梦想被磨灭是什么时候呢？就是我刷到一个视频，讲模特的生存现状，好惨烈啊！后来慢慢了解到这个行业的戾气比较重，我是不太喜欢在这种地方待的——Pass（放弃）!

后来，我开始对哲学、心理学等学科感兴趣，所以我第二个职业梦想是心理咨询师，我觉得这个行业是非常有发展前景的。但是，可能因为这类书读多了，我开始思考，为什么我现在要有一个职业规划呢?

陈瑜 为什么了解多了，反而让你觉得现在不需要有明确的职业规划?

小米 一是受大环境的影响，局势变得好快，无论是教育制度，还是国际形势，一直在变，包括时代的更迭。如果在现在这个时代，我选择了一个职业，等到我需要就业的时候，它很可能已经完全不符合时代所需了，我是这么认为的。

就拿选学校来说，我现在是这个心态：把每一门学科都学好，也就是说，不管我要怎么走，我这条路都是通的。最后这条路会通向哪里，我不知道，但我就是要把这条路打通。

如果走国际高中路线，我们家也没什么关系好托，我现在只能好好学英语；如果走国内高中路线，我现在就好好上学。每一条路我都尝试去打一打，每一条路都打通的话，我最后肯定不愁。具体选择以后再说呗，就不要浪费时间在目前看来并不可能去验证的事情上。

陈瑜 把每条路径打通，未来就有更多选择的可能性，对吧？

小米 我妈妈从小教导我，“一定要自己去选，而不是别人来选你”，一定要把选择权抓在自己的手里。

陈瑜 在你看来，需要具备什么样的素质和能力，才能应对这样多变的社会？

小米 首先你不能玻璃心，还要有个 open 的态度，要勇于接受，不能死脑筋。

陈瑜 面对未来，无论是高考，还是申请海外学校，你都踌躇满志？还是觉得往后的路不好走，都会很辛苦？

小米 未来的路不好走，是一定的，但关键问题是你面对这个“不好走”的心态是什么样的。我的观点是：来者不拒！

- 4 -

陈瑜 说实话，我挺意外的，看你如此喜欢生物和地理，以为你会选择这两个专业方向，而且我一直认为，如果一个孩子能早早地发现自己的爱好和专长，是非常有利于后续发展的。但你给了我一个新的启发，面对现在的时局、多变的未来，对你这个年纪来说，也未必要做太具体的规划，而是先培养底层能力，掌握选择的主动权。这很有说服力。

你觉得自己是一个思想比较成熟，也比较独立的小孩吗？

小米 可以这么说吧。

陈瑜 是因为爸爸妈妈从小对你的教育，使得你有这样的思考，还是其他的原因？

小米 我觉得家庭环境很重要。我爸爸注重硬性教育，不是应试教育。硬性教育是指培养一个人必备的生存技能，包括烧饭、炒菜、安全教育等等。我学跆拳道，每次回来，他就说“来来来，趁热打铁”，然后他就跟我一起练。

我为什么会喜欢上心理学、哲学呢？全拜我妈妈所赐。我妈妈是咨询行业的，所以她接触的公司啊、人啊都非常多。他们开那种小小的短会，她就给我一个耳机，让我速记。

陈瑜 有意思！平时全家人都会聊啥？

小米 我和爸爸妈妈三个人特别积极地交流，我们一起看电视，《脱口秀大会》《吐槽大会》《奇葩说》……各种各样的搞笑节目，全家一起讨论，一起欢乐。《乐队的夏天》我爸爸觉得吵，他不喜欢摇滚乐，我和我妈妈就连个小音箱，去房间里看。

陈瑜 全家人有一起共度的 happy hour（快乐时光），真的很好。

理论上你现在处于青春期，看起来跟爸爸妈妈沟通都很顺畅，没有什么所谓的“青春期叛逆”吗？

小米 在进入青春期之前，我就看了很多关于青春期叛逆小孩与父母之间各种矛盾纠葛的文章和新闻，而且是我自发去看的，不是爸爸妈妈给我看的。看了这些，我问我爸：“叛逆的小孩是不是特别可怕？”我爸爸跟我说：“什么叛逆？没有叛逆这回事儿！”

陈瑜 你跟爸爸妈妈没有什么内在的冲突吗？

小米 没有。唯有一件事有分歧，就是打游戏。

我是七年级上学期接触到的游戏，那会儿自己不觉得，但爸爸妈妈认为“你陷进去了，我要控制”，就用苹果系统的屏幕使用时间啊、设密码啊这类手段来管我。

现在我觉得我差不多已经脱离游戏了，看到游戏也没什么去玩的欲望了，包括有些游戏公众号，也不关注了，喜欢的游戏人物，我也不画了。

陈瑜 你那个时候打得很凶吗？

小米 我觉得没有很凶，但可能父母不这么觉得。

我一直在提反差感，为啥？因为我小学以来一直都不受游戏影响，即便我身边很多人都在打游戏。我甚至对这个东西嗤之以鼻。

到了初中，我突然开始打了，我爸妈可能有点接受不了。我现在分析，为什么明明打得没有那么沉迷，他们却突然这么偏激？一个原因就是反差，还有一个原因，我觉得可能是我自己没有意识到打过头了。

陈瑜 你说爸爸妈妈突然变得偏激，具体怎么体现？

小米 就是会骂我，那会儿我是很难受的。

陈瑜 你反抗吗？

小米 我反抗的，自己悄悄试密码。

陈瑜 后来他们有允许你在规定的时间范围内打游戏吗？

小米 没有，完全不让我打。这种做法让人很难接受。

可以这么说，我觉得我父母教育我教育得特别好，我特别喜欢他们的教育方式，唯独就是在游戏这个事上，可以做得再好一点。这个方法如果用在其他的小孩身上，不一定成。因为有些小孩内心很脆弱，你这么一打击，他受不了，也许就会有什么偏激行为，也有可能会一直处于比较阴郁的状态。所以说，我觉得最好还是能够有个循序渐进的过程，还是要给孩子留点余地的。

陈瑜 为什么现在游戏对你没有吸引力了？

小米 一是脱离很久了，二是我没时间打，三是我现在再回头看这些游戏，不知道为什么，觉得不好玩了。

陈瑜 但是对很多青少年来说，游戏也是“社交货币”。

小米 对。有时候同学问我，打不打？我说行啊，没问题。他们聊到这个东西，我不至于犯蒙。

陈瑜 你觉得打游戏对学习真的会有很大的影响吗？

小米 当局者迷，旁观者清吧。说实话，现在回头来看，虽然我觉得打游戏的时间并没有和我正常的学习时间重叠，但那段时间我的成绩的确是有所下滑了，没有以前那么拔尖了。比如，有一个学期，以前总会有一次飘到第一名，那会儿飘不到第一名了。

- 5 -

陈瑜 你刚才提到，你对爸爸妈妈的家庭教育特别满意，你满意什么？

小米 散养式管理。我朋友有个特别形象的比喻：他们画了个圈，在这个圈里，你随便跑，但是只要出了这个圈，就有问题。游戏就是在圈外了。

陈瑜 你也觉得这个圈足够大了？

小米 足够大了，绝对够！

陈瑜 你从小成绩上很有交代，所以爸爸妈妈给你画的圈够大？

小米 我觉得这是相互的。我爸妈能给我画这么大的圈，是建立在我比较自律的基础上。如果说爸妈特别达观，但这个娃特别出格，那就不能给他画很大的圈。真正达观的父母，肯定会应变的，不同的孩子，有不同的教育方式。如果你特别自律，父母也比较达观，那就能很好地配合。我不是特别自律型，我是比较自律型，没必要自律的地方就很散漫，该自律的地方，我还是比较自律的。

陈瑜 没必要自律的是哪些方面呢?

小米 比如，吃饭要吃什么呀，穿衣服要穿什么呀，这些事情上我很散漫的，无所谓。该自律的地方，比如，学习呀、手机呀、时间呀，还是要自律的。

陈瑜 从小孩的角度来说，你认为自律是天生的，还是因为爸爸妈妈早期的教育?

小米 我认为，如果孩子已经出现了比较偏激的行为，一定是个很长的故事，一定是日积月累形成的，不可能无缘无故。

我一直有一种感觉，我小学五年级之前，一直处于一种无意识的状态，我干什么事情好像都是闭着眼睛或眯着眼睛在干，六年级才感觉自己开始睁眼做事情。这只是一个比喻。

陈瑜 你说闭着眼睛做事，怎么理解?

小米 就像我们这学期刚学物理，才学了一个月，但是就要月考了。我就感觉像在浑水里摸鱼，什么都不清晰，但还要继续摸。

陈瑜 要在混乱的状况下做出反应，但其实并没有看清到底是怎么回事?

小米 对！就像我现在，只是我的过渡，我还没有明确的目标，想要过一个怎样的人生，所以佛系是我现在最好的选择。

陈瑜 假以时日，可能会越来越明白自己到底是一个什么样的人。

小米 是的。

陈瑜 什么事情让你发生改变，开始睁眼做事了？

小米 就是慢慢长大了……

采 访 手 记

什么样的学生会真正热爱学习?

什么样的学生会真正热爱学习?对世界抱有满满好奇的学生,想探究宇宙的奥秘、生命的起源、人类的演进、社会的构建、物质的形成、文明的多样……获得新知和启迪思考所带来的真正愉悦,会让我们对学习产生恒久的热忱。

命中标准答案换来的高分,会激发孩子爱上学习吗?恐怕有点难,这也正是为什么不少清华北大的天之骄子,摘取了应试考试的皇冠后,却患上了“空心病”,对学习,对人生,都丧失了意义感。

可是,孩子们在更小的时候,不都是“好奇宝宝”吗?那种打破砂锅问到底的架势,常常令大人们招架不住。怎么学着学着,就变得厌学了呢?

每次提到厌学，我都要为“学习”鸣不平：学习有什么错？为何要被厌恶？只有当学习被严重窄化和功利化后，才变得面目可憎，这样的学习不是学习本身。

小米身上有我特别喜欢的两点：浓厚的学习兴趣和强大的学习自信！

这样的孩子具备“降维打击”的能力：热爱纪录片的小米，每次地理考试都是第一；喜欢阅读历史的天天，代替老师上历史课；我还见过能编一万字小说的孩子，学点套路对付 800 字命题作文如“烹小鲜”……他们学习的疆域不受考纲所囿，能自由拓展和探索。好成绩不是他们启动自我学习的目标，而是随之而来的结果，他们才是真正有后劲的孩子。

真正有眼光、有本事的大人，就是要千方百计地保护孩子的兴趣和自信，不在“内卷”时代被摧毁。

10

数学课好没劲，大部分我都会了

洋洋／男生／四年级／湖北

和我通话的那天晚上，洋洋没把作业要求抄回来，所以干脆就不做了。我们聊到晚上9点多，他一点心事都没有。

他应该是让老师又爱又恨的那一类孩子，智商140，好奇心旺盛，阅读量大，知识面广，自主学习能力极强。但同时，他不爱做作业，还会扰乱课堂，谈不上藐视规则，但不那么乐于遵守。

用半学期看完了教室后面所有的课外书后，剩下的半学期，洋洋百无聊赖。老师发来孩子在教室里到处乱晃的视频，妈妈无奈地回复："他脑子里在想什么呢？……"

洋洋和成人世界的平衡因为他对考试的各种不上心被打破，成绩从优异跌落到不及格，但这完全不代表他不爱学习，相反，他比那些所谓的"学霸"有强得多的动力，因为他想探索世界、解释世界。

其实今天，洋洋这样的孩子，不是个案。

当学校教育赶不上一个孩子自学、成长的步伐，那到底谁该去改变？谁该去适应谁？……

- 1 -

陈瑜 你喜欢上学吗?

洋洋 喜欢！上学我可以和同学们玩啊，还有，同学们会约好拿奥特曼卡来交换……（10 分钟奥特曼卡小讲座）

陈瑜 有什么不太喜欢的?

洋洋 不喜欢作业，感觉要写好多字。一年级上学第一天，我就没把作业抄回来。

陈瑜 这么说，从一年级到四年级，经常会发生没把作业抄回来的事情喽?

洋洋 是啊，不过班主任想了个办法，就是作业写得很好的人，奖励“甲 + 红旗”，集齐 5 个“甲 + 红旗”，就能满足他一个小愿望，如免一天的语文家庭作业或换一次座位。

原来我一直得不到“甲 + 红旗”，后来呢，我得了 1 个、2 个、3 个、4 个、5 个……“甲 + 红旗”慢慢变多，我就有了希望，然后我就努力地去写。

截止到昨天，这个学期我已经得了 7 个“甲 + 红旗”。我在作业本的封皮那页写了个“甲 + 红旗表”，冒号，几月几日，几月几日……这样我一拿作业本，就能看到“甲 + 红旗”的个数。

陈瑜 你觉得这种激励方式怎么样?

洋洋 还可以吧，我其实不想免做作业，我只是想抵抗风险，比如，这一天有一个特殊事情，作业也没法抄回来，我就用一次“免做”。

陈瑜 哦，你要把机会用在关键的时刻。

洋洋 对啊，就像打牌一样，要把王牌打在最后。

陈瑜 嗯，那你今天为什么不把作业抄回来呢？

洋洋 因为作业都是课间投在屏幕上的，我在看书，就没抄。

- 2 -

陈瑜 你是不是很爱看书？

洋洋 是呀，是呀，我喜欢看漫画书和历史书。我对过去的名人特别了解。我喜欢汉文帝和汉景帝，因为我觉得他们很幸运。古代皇位的继承方式是嫡长子继承，也就是皇帝最年长的儿子当下一届皇帝。汉文帝和汉景帝都不是嫡长子，但是其他太子该挂的都挂了，没挂的又没人支持，他们就升上去做皇帝了。

汉景帝后面的那个汉武帝，我觉得他非常能用人，当时打匈奴，像什么霍去病啊、李广啊，汉武帝把他们都任命为大将。

陈瑜 看来你真的很喜欢历史。你觉得历史有意思在哪里？

洋洋 我觉得历史变幻无穷。比如，西汉末年，王莽建立了新朝，代替了西汉，我本来以为新朝会延续一段时间，没想到新朝过一段时间就 KO（结束）了。后面刘秀就搞了个东汉。你上一秒看到这个，永远不知道下一秒会怎么样。

我对科学书也特别感兴趣，各种公式都很有意思，虽然我不懂。对金属我特别了解，一些生活小常识我也知道，比如，要鉴别黄金，就啃一口，因为黄金软，啃一口就会留下牙印，如果没有留下牙印，那就肯定是假的。

陈瑜 你懂得真多！那你喜欢科学是因为什么呢?

洋洋 我觉得科学可以解释我们生活中的一切。

科学和历史，都有许多未解之谜，比如，恐龙是怎么灭绝的，有很多说法，如小行星撞击地球说、火山喷发说，还有二氧化碳说。二氧化碳说就是恐龙的体型太大了，放了好多屁，形成了温室效应。

陈瑜 从你个人的角度，你更支持哪一个观点?

洋洋 我更支持二氧化碳说。因为小行星撞击地球，只可能撞击一部分，不可能把恐龙全部都杀死。地球上那么多陨石坑，也没见哪一个让全人类都灭绝啊。

还有火山喷发说，火山虽然破坏性比较强，但是我想问，有那么多火山吗？而且岩浆碰到水，就会失去威力。

二氧化碳说也有一个小漏洞，当时地球上有多少恐龙啊，放个屁，就搞了个生物大灭绝?!

陈瑜 哈哈哈，好像都有点问题，没有一个学说能够完美解释。

洋洋 我觉得二氧化碳说的漏洞比较小，所以我就支持二氧化碳说。

陈瑜 这是你经过长期的阅读和分析得出的结论？

洋洋 嗯。

- 3 -

陈瑜 你从什么时候开始养成看书的习惯？

洋洋 这个我记不清了，但是我记得小时候就看了许多书。

陈瑜 你怎么选书？

洋洋 是妈妈买，我来看。我偶尔也会问妈妈，能不能给我买这个书、那个书。我大部分书是找同学们借的。

陈瑜 你的阅读量在班里算不算非常大的？

洋洋 数一数二吧。

陈瑜 最近在看什么有意思的书？

洋洋 《如果历史是一群喵》，漫画书，我能在一节课内看完。它还拍成了视频，发在了各个网站上，我也看。

我用浏览器看百度、B站，因为B站没广告，我最讨厌广告了。爱奇艺和腾讯视频，如果不交会员费，就硬要你把整个广告都看完。

陈瑜 你看这些视频，都是自己搜的吗？

洋洋 我自己探索的，到处按按按。

陈瑜 你刚才提到，上课的时候你也在看书？

洋洋 嗯，不过有时候老师讲到一部分历史知识，我知道，我就会站起来或者举手。

陈瑜 那老师讲到你不会的部分，你会听吗？

洋洋 也会听，但是呢，同学们都做笔记，我就不怎么做笔记，懒得搞。

陈瑜 有一个问题我想请问你，怎么做到一边看书，一边听老师讲课呢？一般人很难做到同时兼顾吧？

洋洋 我耳朵很多啊。

陈瑜 哈哈哈哈……我看书会很专心，外面发生什么事情都不知道，为什么你能做到又看书又听课？

洋洋 I don’t know（我也不知道）。

陈瑜 有时候老师讲一些重点，你没听到，但考试会考，你又不会做，那怎么办呢？

洋洋 凉拌。

陈瑜 你成绩怎么样？

洋洋 成绩还行，一般能考到 80 分到 90 分。

陈瑜 你对自己的成绩满意吗？

洋洋 最近的一次单元测验，我没有写作文，扣掉作文分后，58 分。还好吧，58 分倒过来就是 85 分。

陈瑜 哈哈，你很乐观呢！当时为什么不写作文？写了作文，就及格了。

洋洋 那是半命题作文，“×× 的滋味不好受”或“×× 的感觉真好”。我想写“有零花钱的感觉真好”，可是我觉得零花钱没什么可写的。

陈瑜 半命题作文，你可以选一个自己觉得写得出的题目。

洋洋 可是我已经把题目写好了，我懒得再改了。

陈瑜 那我问你呀，作文不写，考试成绩就会不太理想，这件事你在乎吗？

洋洋 我不在乎，我睡一觉就忘了这件事。我妈妈有一点着急，我自己不怎么着急，我妈说我超乐观。

陈瑜 有的小朋友很在意成绩，为什么你不在意？

洋洋 因为我觉得成绩只是一个评价而已，现在的老师，唉……现在的老师都是那种，怎么说呢，都有一种分数观：就是 A 考生成绩好，就喜欢 A；B 考生成绩没那么好，就不太喜欢 B。

陈瑜 对这种分数观，你怎么看？

洋洋 我的观点就是，应该看品行，比如，A 的成绩好，品行却不行，那么就应该不那么喜欢 A；B 的成绩不好，但想法正确，没有走上歪路，那么就应该比较喜欢 B，对 B 进行鼓励，让他成绩提高。

陈瑜 你是什么样的小孩？

洋洋 我觉得我还比较好，至少我心里不会想着报复别人，还有我捡到东西不会立即占为己有，会先问一下是谁的，尽量物归原主。

陈瑜 看起来你很重视品行啊。

洋洋 是啊。

陈瑜 是爸爸妈妈对你的教育，还是你自己思考得出的结论?

洋洋 我看书学来的，你知不知道杨红樱?她是一个作家，写了很多小说，其中一个男主角马小跳，和我差不多，健康，特别好玩。

- 4 -

陈瑜 你阅读量大，又善于思考，有时上课的内容对你来说，是不是有点简单了?

洋洋 数学课最近好没劲，因为大部分我都会了。

陈瑜 在补习班都学过了?

洋洋 看书学会的，有时候，我会做几道题，然后自己整理出一些公式。比如，关于计算生日的题……（3 分钟数学习题小讲座）

陈瑜 你自学能力好强!

洋洋 我跟你说一个小秘密，之前我妈妈带我去医院检查，医生安排我做了一个智商测试，最终表明，我的智商 140。

陈瑜 嗯嗯，挺高的！那你上课觉得没劲的时候，会干吗？

洋洋 偶尔会弄一下自己的奥特曼卡。

陈瑜 会影响其他小朋友吗？

洋洋 我会找其他小朋友炫耀一下。

陈瑜 你会走到讲台上捣捣乱，或者跑到教室门口去吗？

洋洋 我偶尔会，近期不会这样做。

陈瑜 你这么做的时候，会想到上课不可以随便跑动吗？

洋洋 我当时没想太多。

陈瑜 那老师叫你的名字，说“你干吗呀”，你是什么感受？

洋洋 老师不会对我这么说，她会说：“回位。”

陈瑜 你会听吗？

洋洋 我会回位，还有书可以看。

陈瑜 你在课上看书，会被老师说吗？

洋洋 不会被老师说，因为我的性格有点易怒，老师不怎么说我。

陈瑜 你在什么情况下会发脾气呀？

洋洋 这个我也有点说不清，但最近我发脾气，连班主任都搞不定我。

陈瑜 跟我说说发生了什么事。

洋洋 现在都要戴口罩嘛，我就把口罩的一根带子拉了下来，系在一个东西上面，手拿着一端，另一只手拿着那个东西，拉到口罩那根带子没法再拉的时候，放手，口罩带子是有弹性的，我系在上面的东西，就会弹出去。

陈瑜 那有可能弹到同学，是吧？

洋洋 我在自己身上试过了，也没什么感觉，大家都穿着厚厚的羽绒服啊。我就是一不留神，把那个东西甩到前面去了，然后老师没收了，我就跟老师扯起来了。

陈瑜 你为什么跟老师扯？

洋洋 其实口罩带子并没有多重要，关键是上面那个东西比较重要。那是个链子，我上次买一个玩偶时送的。

能不能说点让我开心的事啊，我不太喜欢说让我不开心的事。

陈瑜 哈哈哈哈，好啊！

- 5 -

陈瑜 那什么样的学习方式是你喜欢的？

洋洋 就是平时增加几节历史课，我们班一节历史课都没有。

陈瑜 我告诉你哦，到了中学就有了，中学有历史课、地理课、生物课、物理课、化学课……都是你喜欢的。

洋洋 人文和文化遗产是我最喜欢的，天文也不错。

有一次我去厕所，一个四年级的同学说："看，一个二年级的。"我就想上去呼他两巴掌，我四年级了，他竟然说我二年级！然后我就问他一个问题："为什么冥王星从九大行星里面被踢了出去？"他说"不知道"。我就说："冥王星太小了，比地球的卫星月球还小。"然后我就走了。

陈瑜 Cool！你甩给他一个问题，他答不上来，然后你就很牛气地走掉了。

洋洋 因为当时我也尿完了。

陈瑜 哈哈哈哈，你好可爱。

洋洋 上完厕所，我就该去玩了。下课时间多宝贵。

陈瑜 除了增加一些你喜欢的学科，你对目前的教学方式，还有什么建议？

洋洋 我们一年中只能春游秋游时出两次校门，我建议多出去，去远一点的地方，最好还能跑去动物园看一下动物。说实话，现在的学校对学生的安全抓得好紧。

陈瑜 如果给爸爸妈妈提些建议，你提什么？

洋洋 别给我报太多校外辅导课。

陈瑜 你现在有多少校外辅导课？

洋洋 周一有学而思外教口语课，周四有一个编程课，周五有羽毛球课，还有另一个编程课和中教老师的英语课，那就有5节了。周六有3节课，学而思语文课、数学课，还有一个乐高课。一共8节课。

陈瑜 这些校外辅导课，你喜欢吗？

洋洋 还可以，就是觉得有点累。

陈瑜 你希望有更多时间可以自己安排？

洋洋 对。

陈瑜 自己安排的话，你会干吗？

洋洋 搭搭积木啊，看看书啊。

陈瑜 你觉得校内课好玩，还是校外辅导课好玩？

洋洋 我觉得校外辅导课好玩一点，因为有一些有意思的东西，比如，学而思语文课的老师是北大毕业的，在第二个课间休息时，会画一幅画。

陈瑜 你觉得这个老师不错？

洋洋 是啊，毕竟是北大毕业的嘛。

陈瑜 哟，那你梦想的大学是哪一所？

洋洋 考大学的话，清华北大，至少也要考个武大。我爸爸是武大毕业的，我总不能比我爸爸还逊吧。

陈瑜 哎哟，你口气很大啊！你长大以后想干吗？

洋洋 我长大后，想做软件设计的工作。我现在学编程，觉得编程可以让人受益很多。

陈瑜 嗯，所以你以后要设计软件，让别人受益。

洋洋 我要尽力做好，因为大家在下载软件时，总要看一下评价吧。我希望能零差评，获得的评价至少都是三星以上的，所以我要尽力做好。

陈瑜 你学编程这类喜欢的课程，是不是就会特别认真？

洋洋 是啊，线上课，都没有老师盯的。

陈瑜 你在学校有老师盯的时候，还会忍不住站起来跑开，线上的话，不会开小差吗？

洋洋 上编程课不会，因为线上课有很多漫画。

- 6 -

陈瑜 你认为不能用分数评判一个小孩，但你以后考北大清华，都是要看分数的，那怎么办呢？

洋洋 凉拌。

陈瑜 哈哈哈，凉拌是一个不错的烹饪方法。

洋洋 我跟我爸爸学的，我觉得我爸爸很幽默。

陈瑜 我觉得你也很幽默。所以这些事情，你目前还没有考虑是吧，到时候再说？

洋洋 嗯，是啊。

陈瑜 你对于自己目前的整个学习状态，满意的是什么，不满意的是什么？

洋洋 满意的是我思考的速度很快，不满意的是我有时候不想写作业。

陈瑜 你对自己不想写作业不满意，那就说明你也有点想去解决这个问题，对吧？

洋洋 嗯，是啊。其实我很幸运，我一、二年级是陈老师教语文课，三、四年级是李老师教语文课，这两位老师都觉得我有潜力，只是还没有发挥出来。

陈瑜 为什么潜力没有发挥出来呢?

洋洋 我也不知道呀。

陈瑜 你觉得自己的潜力发挥出来了吗?

洋洋 我觉得之前没有发挥出来，最近发挥了一点。

陈瑜 你藏着的潜力为什么不想发挥出来呢?

洋洋 我觉得语文要写的字多。

陈瑜 有没有可能现在写得不够多，掌握得不熟练，就会觉得好麻烦，但是写多了，掌握了，就不觉得是件麻烦事了?

洋洋 应该是的。

陈瑜 如果这个观点你认可，那现在可能还真的要多写写呢。

洋洋 嗯，的确。

陈瑜 而且以我对你的了解，你看的书那么多，写作文对你来说，根本就不是个问题。

洋洋 的确。

陈瑜 就像火山，你底下有好多岩浆，能量巨大，然后呢，火山口被“懒得写字”这个东西挡住了，岩浆上不来了。哪天把这个问题解决了，那就不得了了，火山就爆发了。

洋洋 嗯。我想要说一下，我发现你好像特别关心孩子啊。

陈瑜 对啊，你怎么发现的?

洋洋 因为我们通话的时候，我翻了一下你的朋友圈，你朋友圈发的都是跟孩子有关的。

陈瑜 我做的工作就是帮助爸爸妈妈去理解孩子，然后能够更好地陪伴孩子成长。

我问你呀，如果要掀开火山口的盖子，你有什么好方法吗？

洋洋 努力想“写”。

陈瑜 怎么才能努力想“写”？

洋洋 就是给自己一点奖励。

陈瑜 就像老师给你们“甲 + 红旗”，集齐多少个可以免作业，这个方法对你有效是吧？

洋洋 是是是。

陈瑜 那你以后也可以设计这样的方案，激励自己，这种方法对于习惯的养成倒是有帮助的。

洋洋 是呀。

陈瑜 这方面你需要妈妈帮你吗？

洋洋 需要，妈妈给我制定一些奖励规则就行了。

陈瑜 你真是一个会发现问题、解决问题的孩子。

洋洋 我爸爸也这么说，我们班老师也这么说……

采 访 手 记

当一大批孩子跑到了同龄教育的前头

洋洋这样的小孩子，无论对老师还是对父母来说，都是挑战。

这个跑到流水线外头的水果罐头，不想被压制成统一的标准形状。这是互联网时代的原住民对工业化时代的教育模式发起的抵抗，而这样的抵抗会越来越多、越演越烈。

明显有一大批孩子已经跑在了同龄教育的前头，这不是智力超群跳两级就能解决的问题，而是课堂教学喂不饱他们饥渴的脑袋，他们自己投喂自己，已经把胃口撑得老大。

怎么办？是把他们死命地摁在流水线上强行塑形，还是因势利导？这对学校教育提出了挑战。

答案不言而喻。

这个因为“作业问题、考试问题、纪律问题”被推到我面前的小男生，灵光四射，所以保护好他，不让他被“教坏”才最要紧。

11

我从不补课，年级前十！

畅畅／女生／七年级／上海

萌妹子畅畅很小的时候，我就认识她，更早认识了她的妈妈。

她妈妈获得华东师范大学教育学硕士后，在市教委下属的家庭教育指导中心当老师。如果用一个词来形容畅畅家，我想到的是“云淡风轻”。

畅畅从来不补课，但在市重点中学成绩排到年级前十，有比一般孩子多得多的时间，去做自己想做的事情。

或许有家长看了这期“少年发声”会说：“畅畅妈妈命好，摊上个自律的学霸女儿，自然云淡风轻啦。”但我真的相信，云淡风轻的家长，才能培养出身心健康、全面发展的孩子。

这个家庭教育的实践样本，在目前的教育大环境下，美好得让人难以置信。可我看着畅畅长大，确信它真实存在，底层密码是：父母信任孩子，等得起。

畅畅看了好几期“少年发声”，主动联系我，动机是她也想体验一下被采访的感觉。我问她，你想聊什么？她说不知道。

我接着问她，那么你觉得你接受的家庭教育和别的孩子有什么不同？她说："爸爸妈妈很尊重我……"

- 1 -

陈瑜 我感觉你妈妈跟你的沟通非常平等，你从孩子的角度，也是这个感受吗？

畅畅 是的。从一年级开始，每天上学穿什么衣服，都是我自己决定。如果突然降温，我妈妈觉得我穿得太少，会让我带外套。如果我穿得太多了，就只是提醒一下，因为她认为我觉得热了，自己会把衣服脱了。而有些家长会规定孩子必须穿什么，衣服的颜色必须怎么样……但是我妈妈不管，我现在的衣服，都是自己在网上买。

再比如说，去哪里吃饭，她都会跟我商量，而不是她想去哪儿吃，就带我去哪儿吃。

从四年级开始，我妈妈就不让我上学校晚托班了，让我自己从学校走去她的单位。我很享受一个人走路的感觉。

陈瑜 一个小女孩走一大段路，还要看红绿灯过马路，不害怕吗？

畅畅 不害怕，我觉得很正常啊。

陈瑜 可不可以这么说，你到了一定的年纪，妈妈就会赋予你一定的自主权利，你就用这个权利慢慢地学习独立和成长。

这在你们家就是一件比较正常的事情？

畅畅 嗯，对。

陈瑜 从你很小的时候开始，妈妈在与你有关的事情上，通常都是以商量的方式跟你一起来决定？

畅畅 对，牵扯到她和我的事情是这样。如果只牵扯到我，就完全听我的意见。

陈瑜 什么样的事情会完全听你的意见？

畅畅 比如，要不要报唱歌班、舞蹈班，妈妈会问我想不想去，如果我不想去，她不会勉强我。

上次我妈妈给我报了一个亲子唱歌班，寒假可以去维也纳演出。但是我不愿意参加排练，因为排练在周日，周日我想去外婆家。我妈妈也没有反复说服我，就自己去排练了。后来我跟着演出团一起去维也纳，才知道他们是在金色大厅演出。我不能上台，只能在台下看，当时有点后悔。

陈瑜 嗯，这事我听你妈妈说过，她说畅畅不愿意排练，所以她要去“借”一个孩子凑一对。我印象特别深，因为她说这话的时候，没有一点抱怨的意思，完全接纳你的选择。我当时心里还想，绝大部分家长一定会威逼利诱孩子上台的，在金色大厅演出的经历，可以给简历添上一笔，怎么可能任由孩子“耍性子”？但你妈妈给你选择的权利，无论好坏，你都自己为结果买单。

你觉得当一个小朋友在很小的时候，就被妈妈很平等地对待，有什么好处吗？

畅畅 好处就是小朋友可能长大后会变得更独立，知道自己想要什么。

- 2 -

陈瑜 如果 10 分是很满意的话，你对妈妈的满意度可以打几分？

畅畅 9 分吧。

陈瑜 非常高啊！ 1 分是扣在哪里？

畅畅 扣在她总是让我做一些很不现实的事情，比如，她想让我把课外书带到学校去读，但是我在学校根本就没有时间干这些事情。还有，她总让我看一些文艺的书，可那些书往往很无聊。

陈瑜 哈哈，了解。你和妈妈属不属于无话不谈？

畅畅 属于，但我也会有自己的秘密，这些我不会主动和她去说，不过她问的话，我就会告诉她。

陈瑜 你和妈妈的聊天内容，有多少跟学习有关？有多少跟学习无关？

畅畅 大概 20% 跟学习有关，我妈妈经常问我学校的情况。还有 80%，什么都聊。我经常给她讲笑话，但是她有时候不知道有什么好笑的，get（领会）不到笑点。

陈瑜 很多进了中学的孩子，跟父母的关系很疏远，甚至很隔绝，把自己关在房间里，拒绝沟通。我很好奇，为什么你这么信任妈妈，可以跟她说你所有的事情？

畅畅 可能是因为我小的时候，她比较尊重我。

陈瑜 你跟妈妈之间发生过很大的冲突吗？比如，她把你骂哭，或者你在那里大吼大叫？

畅畅 好像没有吧。她催我整理房间，我会有点小怨气。

陈瑜 妈妈有逼你做过什么事情吗？

畅畅 没有吧。

陈瑜 你在你同学那里，看到过你和妈妈这种亲子关系吗？

畅畅 没有吧。

陈瑜 有时候聊到你和妈妈，同学们会羡慕吗？

畅畅 有，这个有。他们说“你妈妈真好哦”，或者说“你太幸福了”之类的，感叹一下。

陈瑜 你跟他们说什么事情的时候，他们发出这样的感叹？

畅畅 心理课上，老师经常会问我们一些事情。我说“我妈妈不给我报补习班”，后来又说“我想干什么，我妈妈基本都是同意的，只要不是原则性问题”。

陈瑜 这两点在很多同学看来，已经是一个非常让人羡慕的状态了？

畅畅 嗯。

陈瑜 从你记事起，妈妈就一直做得这么好，还是说你觉得妈妈也是在成长的？

畅畅 也是在成长的吧。我妈说，我四五岁的时候，她还没有读完教育专业，等到我六岁的时候，她正式当了老师，就慢慢地、慢慢地懂得了教育。

陈瑜 妈妈把学到的东西用在和你的相处中，于是就有了你们之间良好的亲子关系。

畅畅 对。

- 3 -

陈瑜 跟妈妈的关系很平等，像朋友，也像姐妹。跟爸爸呢？

畅畅 跟爸爸的平等不一样。我妈妈是特意这样做的，但我爸爸本来就是这样的，他根本就不想管我的学习之类的事。我不知道他到底是怎么想的，但是给我的感觉，这件事情对于他来说不是很重要。也有可能是因为我本来就挺好的，他没有必要再去管。

我妈妈要是不在家，我爸爸就一天到晚想着要跟我去哪儿玩。他特别喜欢鞋子，我也是，所以周末我妈妈去上课不在家，就剩我们两个人，他就会带我一起去逛鞋店。我们俩很喜欢逛鞋店，还喜欢逛家居店和商场。

陈瑜 你刚才说对妈妈的满意度有 9 分，对爸爸的满意度呢？

畅畅 也是 9 分。首先他对我比较宽松，然后因为我们俩有很多相同的爱好，他愿意跟我一起做这些事情，所以让我很满意。

陈瑜 那 1 分扣在哪里？

畅畅 他有时候不是特别有耐心。比如，上次我们去玩悬崖速降，我害怕，卡在中间不敢动了，他就着急，觉得我太慢了。

陈瑜 听起来，你们家比较少有什么发脾气、争吵的情况，更谈不上打骂了。

畅畅 对。

陈瑜 你爸爸妈妈的关系是不是也很好？

畅畅 很好，但有时候也会吵架。他们每天晚上一起看电影。

陈瑜 你不参与吗？

畅畅 我可以跟他们一起看，但是我们家沙发坐不下三个人，我就只能待在我的房间。看到爸爸妈妈两个人在那里看电影，也挺好的。

陈瑜 觉得这个家庭画面安宁幸福？

畅畅 对。我同学来我们家，也觉得我爸爸妈妈的关系比较和谐。他们也不怎么管我，我觉得这点很好。

- 4 -

陈瑜 虽然爸爸妈妈都不怎么在乎，但我还是想问问你，你成绩如何？

畅畅 小学时，班级前十，进了中学，年级前十。

陈瑜 很好啊！妈妈是什么反应？

畅畅 她不是很在乎，也不会给我奖励，但是我会给自己奖励，比如说，看一会儿电视，或者吃点什么东西。

陈瑜 这么说来，妈妈肯定对你的成绩也不会表达什么期待。那考试之前，你会给自己设定目标吗？哪几门要考多少分？要考多少名？

畅畅 其实我觉得只要不考太差就行，心态很轻松。

陈瑜 你的成绩一直非常好吗？

畅畅 那倒没有。我上小学前，什么都没有学过，零基础。别的同学都考 100 分，我考六七十分。但是我妈妈还是觉得没必要提早学，就让我跟着学校慢慢学。我那时候好像也不在乎，一下课就跑到操场上去玩了。

二年级就好很多，成绩很好。

三年级的时候，我特别不喜欢英语，懒得读题，觉得很浪费时间，选择题就瞎选。老师向我妈妈告状，我妈妈也没有让我去报班，就提醒了我一下。

到三年级下半学期后半段，我就想要好好学了，期末英语还考了 100 分。

陈瑜 为什么突然转变，想好好学习了呢？

畅畅 原因很可笑，因为我妈妈给我买了个新书包，我就觉得应该把所有东西都重新来。

每个新学期或者是新学年，如果我有个新书包，我就会觉得我可以重新来。

陈瑜 哈哈哈，重新做人的感觉？

畅畅 对。

陈瑜 四年级以后你的成绩就很稳定了吗？

畅畅 对，四年级以后成绩就不错，因为四年级开始，我跟我们班主任的关系很好。我还有一个最好的朋友，坐在我后面，我们还一起写小说给班主任看。

陈瑜 你每天做作业做到几点钟？

畅畅 我放学会去我妈妈的单位，在那里做功课，基本都能写完，然后等她下班一起回家。回家后的时间自己安排，随便干什么，弹琴，听妈妈讲故事，我也喜欢和我们家的狗玩。

我写作业很快，有两大原因：第一个原因是我想着早点把作业做完，回家就能玩；第二个原因就是我和好朋友每天都比谁作业写得快，所以很早就把作业写完了。

陈瑜 你爸爸妈妈看你这么轻松，有没有建议你加码，给你报个补习班提高一下，争取更好的名次？

畅畅 没有。

陈瑜 嗯，良性循环——学习效率高，又能拥有更多自己可以支配的时间。

你同学补习多吗？

畅畅 多！很多同学都太累了，要上很多补习班。我们天天上这么长时间的学，而且每节课都是要动脑子的，有些同学成绩不好，还要继续上补习班，更累，所以我觉得是一个恶性循环。

我认识一个朋友，暑假里他周一到周五上午 9 点到 12 点上语文课，下午 1 点到 4 点上数学课，周六周日是英语，没有休息的时间。

累是一方面，以后我们到社会上，还是得靠自己的创新能力，所以现在要培养好的思维习惯，如果学得这么累，脑子都累了，思维习惯可能也培养不出来。

陈瑜 你什么课外班都不参加吗？

畅畅 我每周上一次书法课。五年级要参加毛笔字等级考，我不会，所以就去学，我很喜欢，就坚持下来了。我写字的时候心能静下来，并且能感受到毛笔字的美感，特别是写得好的时候，一个字，我能欣赏它好久。

陈瑜 真好。你也喜欢跳舞是吧？

畅畅 跳舞我主要是自学，看视频，各种舞都会学，我比较喜欢爵士舞之类的。有时候会跳给我妈妈看，她也经常把她学的舞跳给我看。跳舞的时候就能感受到那种快乐。

陈瑜 学了舞蹈之后，会去报名参加学校文艺会演吗？

畅畅 我不能演我自学的，但会参加老师教的舞蹈的排练。我自学的舞蹈一般都很短，会跳给家人看。

陈瑜 在这一点上你妈妈心态也挺平和的，看到你有一个兴趣爱好，也不紧赶着给你报班，而是让你用自己的方式玩。

畅畅 前两天，我刚刚跟我妈妈提出来想报一个舞蹈班，目前还没有上课。

陈瑜 所以很多事情是等到你自己提出需求了，爸爸妈妈就给到你相应的资源，而不是说拽着你往前跑?

畅畅 对。

陈瑜 没准以后到了高中，学业上需要报补习班，也是由你自己提出。

畅畅 对。

陈瑜 你在你们家很有话语权?

畅畅 对。

- 5 -

陈瑜 未来想干什么?

畅畅 其实我不是特别确定我想做什么职业，但是，我特别想生一对双胞胎女儿。如果不是双胞胎，我也想生一个女儿，我觉得女儿比儿子好一点，反正我是这么想的。

陈瑜 哈哈哈，你是什么时候有这个想法的?

畅畅 四年级吧。四年级的时候，我们学校有一批一年级的小朋友入学，都好可爱，特别是小女孩，所以我就想生一对双胞胎女儿。

陈瑜 这个想法也很可爱！你觉得你会是一个什么样的妈妈？

畅畅 也会像我妈妈一样，和我的孩子很平等地相处。

陈瑜 你那么喜欢孩子，未来的工作会和孩子有关吗？

畅畅 我小时候想当宇航员，还想当甜点师，还想当麦当劳的店员。五年级的时候，我想当小学老师，这个理想一直有，因为我觉得我挺喜欢小朋友。

妈妈说“你现在有自己的理想挺好的，希望能坚持下去，为自己的理想行动”。但我不知道我的理想还会不会改变。

陈瑜 在你心目中，职业有高下之分吗？

畅畅 我不觉得，好像没有。不管你做什么，只要做得好就行了。我就觉得当老师很好，我之前还给我外婆上课，可是她不做作业。

陈瑜 哈哈，谢谢畅畅，今天跟你聊天，我也有很多启发。

我的问题大致就这些，你还有什么想跟我说的吗？

畅畅 这个学期，我妈妈又给我买了个新书包。

陈瑜 哈哈哈，你又可以重新开始了……

采 访 后 记

你相信孩子的自主能量吗?

征得畅畅妈妈的同意，我节选了她和女儿互动的记录，我们可以从另一个视角来看待“尊重孩子，平等对话”——

关于亲子关系：

常有邻居朋友说，我不是亲妈。

因为，

我允许畅畅一整天一个人在家，还开火做饭；

允许她自己过马路，去菜市场买菜；

允许她自己坐公交、乘地铁；

出游时任由她离开我很远很远；

她自己的行李全都让她自己拿着；

每天的书包，再重，也是她自己背着；

这么小，也没什么经验，就带她到高原骑行；

……

只是，在我心里，

她是我的亲女儿，

我很爱她，

这些，

就是我对她的守护。

关于自主学习：

畅畅上小学到现在，除了接送，我一直觉得她上学和我没有太大关系。

我把上学看作是畅畅自己的事情。孩子是学习的主人，家长只是帮手、参谋，给她学习方法上的建议。

主人为了自己，会努力取得好成绩，而帮手、参谋不会对主人的成绩有什么要求。只有主人表示需要帮助，帮手才会介入她的学习。

今天，主人发出求助信息，说想要上奥数网课，学习一些解答难题的方法。我作为她的助手和参谋，就根据她的需要找了一个课程，她表示满意。至于接下来什么时候学，怎么学，学成什么样子，就全看她自己了。

关于独立能力：

4岁半开始，畅畅开始独睡，就有了专属于自己的房间。所谓“专属”，就是说，这个房间她做主，她有权决定是否关门，有权决定房间里的东西如何放置。别人不能随便进，也不能随便碰房间里面的东西。

除了大扫除或大清理，我一般不太会要求畅畅整理房间，尽管我内心也是希望房间整洁。所以，很长一段时间里，畅畅的房间是“不堪入目”的。

关于“整洁”的好处和“混乱”的坏处，我也都告诉过畅畅，但她的回应是：我觉得这样挺好，挺舒服，挺方便。所以我也不强求，只是管好家里的其他空间，尽量整洁。

最近，畅畅经历了“心爱的手套丢失事件”以及“整理房间的视频拍摄任务”之后，突然有了想要好好整理房间的念头。以前虽然也有过，但都保持不久就乱掉。这次不一样了，她自己整理完之后，不仅赞叹不已，还主动表示要一直保持下去。

今天已经保持第十天了。她用冰激凌奖励自己，还请我拍照发朋友圈。

我默默对自己说：成长不急，恭喜恭喜！

关于教育理念：

有些朋友在问我，那我试着回应一下吧。

我和畅畅是共同成长、双向养育的。是这个养育过程，帮助我更好地了解自己，调整自己，完善自己。

其实畅畅一、二年级时成绩一般，后来才越来越好。到目前为止，我没要求她去上过任何课外补习班。唯一她自己主动要上的是英语网课，现在已坚持半年。兴趣课陆陆续续上过绘画、合唱、钢琴、游泳、羽毛球、书法。都是自主开始，自主放弃，过程中我也没啥要求或目标。目前只有书法和绘画还在上。

我作为母亲的教养经验（只是个人经验）：6 岁之前让孩子充分游戏，尽量体验，培养（保护）好基本的学习素质，比如，好奇心、创造性、助人之心、倾听、表达、自我服务能力、自我负责、安排自己的时间、对未来有憧憬……上学以后对她更放手，学习的事情不插手，帮她找玩伴，带她到处旅行，给她多种体验机会，经常和她聊天，支持她各种想法。父母的主要作用就是帮她托底。比如，坚定地表达对她的信任，经常性表达爱意，引导她学会倾听自己的内心，客观看待别人的评价，认识觉察自己的情绪……

可能跟我的工作有关，我对教育的信念一直是：孩子天生就是有能力的学习者，方向比方法更重要，关系（联结）比教育更重要，教养者是什么人比教养者做什么更重要。

做法上的基本思路就是：孩子的事情让孩子自己做主（负责），生活即教育，体验是最有效的学习，少评价，多等待，身教为主，言传为辅。

12

班主任说我“眼里没有光”

宣宣／男生／八年级／北京

宣宣妈妈添加我微信的时候，特别注明“紧急求助”，因为儿子“在家停课几天了”。

父母遇到这种情况都会慌神，因为他们担心孩子就此歇在家里。

我跟宣宣通话的那个周日，他已经主动复课。他是一个心里有谱的孩子，只是在十三四岁的年纪烦恼多多，常常闹不明白自己怎么了，亲子关系、同学关系、师生关系也变得拧巴起来，班主任说他“眼里没有光”。

这大抵就是一段成长的历程吧。他的坦诚相告，让我得以了解，挂着脸、关着门的孩子，内心究竟有怎样的翻腾……

- 1 -

陈瑜 最近发生了什么，让你停课没去上学？

宣宣 就是那一个星期内，遇到了好多事。

先是周一，我们体育课上室内课，好朋友坐我旁边，可能也觉得无聊，没意思，他就把一张纸往我这儿扔，我就又给他扔回去了。老师看见了，就让我出去站着，还跟我说，“你是体育委员，应该带头做好。”

第二天又上体育课，我是物理科代表，去办公室抱作业，所以迟到了两分钟。到操场的时候，老师说我没有跑步到列，说“你要跑着过来，不能走着过来”。我就有点闹情绪了，跟老师说：“要不就换个体委，别再用我了。”

那段时间，教导处老点我们班的名字。10 个班跑步，都有同学说话，就点我们班的名，还让我们班留下罚跑。开年级大会，我们是第 10 个班，坐在后面根本看不见，就站起来了，过程中发出了声音。最后老师把我们全给留下来，说因为我们，破坏了学校的名誉。而且我还老是平白无故地被老师骂。我去打球，同学投篮时，球砸到老师，老师转头骂我一顿。我们班主任让我叫个同学，我叫了一声，被我们教导主任看见了，说我不该大声嚷嚷，又说我一顿。反正就是各种莫名其妙的事儿。

其实我们班主任挺好的，前几次一直都跟我谈，结果到那个周五，我语文作业没带，老师就说“你停课回家吧，调整一下”。我大脑一片空白，上午考完语文，就回家了。

这一个星期内，发生太多事儿了，可能最终结果是各种原因导致的。

陈瑜 嗯，听上去是挺不顺的。那个星期，你整个人的状态怎么样？

宣宣 用我们班主任的话说，感觉我不像一个十三四岁的孩子，而是像个六七十岁的老人。

其实从七年级上学期一结束，疫情开始以后，我也能感觉到我变得更颓了。

陈瑜 变颓的原因是什么呢？

宣宣 怎么说呢，我感觉自己很久都没有发自内心地开怀大笑了，真的很久。我也很想找回来。

- 2 -

陈瑜 你妈妈说你小时候读书啊各方面一直挺顺利的。

宣宣 嗯，小学在公办学校读书，成绩还是比较靠前的，很轻松，所以之前一直还好。小升初以后，我妈妈可能有点着急，感觉六年级时我和她的关系突然就不太好了。

陈瑜 是因为小升初有一点压力，妈妈比较焦虑？

宣宣 对……其实也可能我这个观点不太对，我妈妈也一直说我这个观点不对。

虽然中间有那么一段不太好，但是最后我小学六年级的毕业考试考得很好，初中分班我也分到了实验班。

有的时候虽然我的方式可能不太好，但是我最后能达到想要的结果。

陈瑜 你说你的方式不太好是指什么？

宣宣 平常比较放松，没有这么紧张，临考前几个星期才开始去复习。

从六年级开始，我妈妈动不动就要吼几句，包括现在也能感觉到，因为一点小事，也要抱怨几句。一直以来，因为手机的事我们也老是吵架。

有的时候，的确是我不对，大部分时间我还是有问题的，但是那一次，我觉得我真的一点问题都没有。

那是疫情期间，有一天晚上，我半夜睡不着觉，就起来写作业。写地理作业时，需要看钉钉上的资料，就把手机拿过来了。差不多凌晨1点多时，我把作业还有我妈妈每天给我规定的题、布置我写的字帖都写好了。我留了张字条，说我睡不着，写作业用了下手机，然后把字条搁在了我妈妈房间的门口。

结果第二天，我妈妈就突然不给我手机了，我说为什么，她说我睡得太晚了。我说"我都给您写字条了"，可她非得让我先同意什么条件，每天增加手机使用的时间限制，说"你接受条件就给你，不接受就如何如何”。我就有点激动了，她也有点激动，我们就吵起来了，她就把我的手机摔了。

陈瑜 你当时什么感受？

宣宣 挺无语的。

陈瑜 你对手机自我管理得怎么样？

宣宣 手机控制这方面，我现在可能会好一点，但以前真的不太行，可能确实会出点问题。尤其是疫情严重的时候，每天在家，除了上网课，没什么别的事可以干了。

我妈妈觉得我老不看书，其实我是看的，不过我看的书，不是她想让我看的。我比较喜欢看推理、科幻小说，但她非得让我看课内老师要求的。

不就是个手机吗？白天会跟同学聊聊天，有时候会打打游戏。我是渴望能交到朋友的那种人，感觉我身边的同学都在一块儿打游戏，我不玩会跟他们没有共同话题。所以，有的时候到时间了也不想交手机。

陈瑜 你妈妈每天给你用多久手机？

宣宣 在很久很久以前，刚复课的那个周二，我们就约定好了。我记得很清楚，她非说没有这回事，我也没办法。

当时约定说从周五晚上上数学课开始给我手机，周日晚上上交。到周末时，我说能不能把手机给我，她又说上午半小时，下午半小时，说这是一个专家的建议。我感觉她老看什么专家的书，看一本专家的书就接受一个专家的建议。

最后说来说去，就变成周六给我用一下午，周日上课外班的时候让我用来联系，其余时间都收走。

陈瑜 这点手机使用时间，你觉得其实也够了，还是远远不够？或者觉得没办法了？

宣宣 我想肯定是稍微少了一点。

陈瑜 你希望她怎么协助你管理手机，会让你觉得比较舒服？

宣宣 平常我校内作业在学校跟同学们一块儿就写完了，回家以后再做点别的，考前复习复习。手机可以让我用一会儿，反正晚上她肯定要收走嘛。

陈瑜 如果你妈妈真的把手机的自主使用权给你，可行吗？

宣宣 我不能说一点问题都没有，但和以前比，肯定会好很多。其实她晚上把手机收走，我是能接受的，但我感觉需要有点弹性去调节的时候，她就非得保持她那种强硬的态度。比如，本来都说好了，她到时候又变，说是我记错了。我就说："答应的事，您老变。"她说："对啊，所以我这一次绝对不会变啊！我要坚守我的原则！"……我真是无语了。

陈瑜 把约定写下来会好点吗？

宣宣 写下来的时候，全都是给我加一堆条件。

疫情那段时间给我写过，早晨7点到下午5点，断网，手机给我。每天必须干吗干吗，哇，写了一长串，用了一张纸。后来我一生气，把那张纸给撕了，又和她吵了一架。

陈瑜 那一长串的约定，给你什么感觉？

宣宣 我感觉已经木然了。

陈瑜 木然是什么意思?

宣宣 我现在不是很想跟她沟通,因为沟通了以后一点用处都没有,最后还是按照她的意见来,我还跟她沟通干吗?没什么可沟通的。她还老让我给她举例子,我举了例子她又不听,就会说:“我没说过,你记错了,我说过那样的话吗?我干过那样的事吗?”

如果吵架,问题肯定是双方的,我不能说问题都是我妈妈的,但我希望能平等地交流,而不是越聊越往她那边偏。

陈瑜 有什么解决办法吗?

宣宣 我认为没有什么解决办法。

陈瑜 心里会有一些愤恨吗?

宣宣 以前有,现在没了。

陈瑜 为什么现在没了?

宣宣 现在就感觉特想笑。愤恨也有,但愤恨也没用啊。

陈瑜 就是那种“哎呀,又来了”的感觉?

宣宣 对,对。

- 3 -

陈瑜 你说你打游戏是为了融入朋友,那你本身喜欢打游戏吗?

宣宣 其实也还好。我一般都是和同学一块儿打。如果没有同学这个因素，我对游戏的兴趣没有那么浓，不是很上瘾，没有到不打就浑身难受的地步。周末我偶尔跟同学打两局，觉得这就够了。

陈瑜 打两局，要花多少时间？

宣宣 打两三局，快的话，就是一小时左右，慢的话，可能一个多小时。我妈妈说，15 分钟、半小时都算多。

陈瑜 你妈妈不能接受你打游戏？

宣宣 她能接受，但她接受的是打 15 分钟游戏，但是 15 分钟不够打一局。而且家长总认为所有游戏都是可以暂停的，想停就能停，但实际上有的时候根本停不了。

陈瑜 这些事很难跟她解释清楚？

宣宣 对。

陈瑜 在同学群里聊天，会花你很多时间吗？

宣宣 没有真正去统计过，但是我不会拿着手机一直聊，就是偶尔发两条消息，大部分时间就是看看。现在也没时间聊天。

陈瑜 做作业，手机放旁边，时不时瞟一眼聊天群，你觉得会对你做功课有影响吗？

宣宣 可能对结果不会有影响，但过程中会有一点影响。

陈瑜 会分散注意力。

宣宣 对。

陈瑜 这也是很多家长会念叨的原因。

宣宣 对，我也知道。我现在已经好很多了，使用手机的时间并不多。

陈瑜 其实说来说去，爸爸妈妈反对的也就是打游戏和聊天是吧？

宣宣 不，她反对的是手机。很多时候，只要不是她规定我用手机干什么，在她眼里，我拿着手机就是在聊天和打游戏。

陈瑜 会冲过来问你“你在干吗”？

宣宣 我之前老锁门，不想让他们进来，他们就把门锁给我卸了。现在我妈妈能直接推门进来，看一眼，问我：“你在干吗？”我说“我在用手机”。她关上门，往后假装走两步，突然返回来再推开门看。我就特烦。她又关上，再走两步，又回来看，总是这样。没事儿也给我吓出事儿来！

陈瑜 哈哈，你妈妈简直就是侦察兵。

宣宣 有的时候就因为这个事儿，我就烦了，就抱怨两句，然后又吵起来了。

陈瑜 你会说妈妈什么？

宣宣 我说：“别再进来了！”她说：“你跟我说话什么态度！你跟我说话就这个态度！你怎么跟我说话的！”然后推门进来，往那儿一坐，那个架势，就是准备训我半小时。

陈瑜 意思就是“咱们得把这件事儿说说清楚”？

宣宣 主要就是她一个人说，能说半小时。

陈瑜 你是什么反应？

宣宣 听着吧，也就听着。

陈瑜 也不解释、不争取了？

宣宣 对，她说什么，我就听着。以前我还会解释两句，现在我都不解释了，没什么好解释的。她说完以后，我就说："说完了吗？说完让我继续干我的事吧，就别浪费时间了。"我现在都这么说。

现在这样，我已经不想再去纠缠这些事了。

陈瑜 认了？

宣宣 认了呗。

陈瑜 就算认了，还是会对妈妈有所不满吗？

宣宣 时间长了，不就没有了吗？

陈瑜 自己消化？

宣宣 嗯。

陈瑜 这种对你不理解和不信任的感觉，会一直在吗？

宣宣 会，可能时间长了会忘记，但有的时候突然发生一件什么事，就会把以前那些记忆全部放出来。

陈瑜 妈妈说什么话，会把你之前的记忆勾起来？

宣宣 有很多吧，像期中考试，其实我考得比以前好，进了年级前 100 名，学校还给我颁发了一个进步奖。我觉得还可以，但是我妈妈总觉得"你只是刚刚回到了原来的水平，你应该再继续往上爬"。

那个周日，我们因为各种事吵了四回，她说了这么一句，具体什么话我记不清了，大概意思是，和我们班年级第一的学霸比怎么怎么样。

这种事儿时间长了就忘记了，但当时那种感觉、那种情绪就一直留着。

- 4 -

陈瑜 你刚才提到你是一个很想交朋友的人，又提到打游戏的很大一部分原因是为了融入同学。你很在意友情？

宣宣 我四年级之前，一直是一个不算很内向但朋友很少的人。课间同学们都跑出去玩，我就在班里做值日，是我自己跟老师提出来的。每天就这么日复一日地过去，可能偶尔会有个同学过来，跟我说一两句话。我不记得自己跟哪个同学关系特别好。

到了五、六年级，眼看快毕业了，我开始尝试去交朋友。尤其到了六年级，特别阳光、积极、向上、活泼。

一到初中，不知道从什么时候开始，我的性格就变了，变得悲观，偶尔也比较颓，干什么事儿都没热情。用我们老师的话说，“你眼里没有光”。

陈瑜 现在朋友多吗？

宣宣 其实还算挺多的。之前我一直没有真正意义上的朋友，只是聊聊天，但现在已经有很多了。

我不知道这是不是一种病，我感觉自己特别依赖朋友，比如说，出去玩或者上个课，我总想和同学在一起。没有个认识的人，就感觉特别难受。疫情期间，同学一天不回消息，我就特难受。可能我对朋友的依赖有点过分了。

陈瑜 如果把等待变成主动联系呢？“你小子怎么不回我？”或者打个电话问，“你收到我消息了没？”

宣宣 如果这样做，对方会不会烦我？

陈瑜 其实，你挺害怕失去朋友的，对吧？

宣宣 嗯。我跟一个好朋友吵过一架，吵完之后的一个多月，整个人都不好。

我总有一种感觉，我把那些好朋友放到一个很重要的位置，但他们并没有把我看得那么重。很多人除了我还有其他特别好的朋友，没有我，他们仍然生活得很好。

陈瑜 但是反过来，如果没有某些朋友，你会有很深的失落感？

宣宣 对。

陈瑜 在这样的关系里面，你会去讨好或者迎合别人，让别人更接受你吗？

宣宣 会，放低一下自己。比如说，之前跟那个朋友吵架以后，为了不把问题进一步扩大，本来是他的问题，但我会主动道歉。

陈瑜 如果这种方式让你觉得舒服，那 OK，但如果让你很委屈，对自己有伤害，那可能需要调整一下。

宣宣 对自己有伤害?

陈瑜 内伤。

宣宣 时间长了不就好了吗?

陈瑜 时间长了，可能就像你自己说的，那些情绪和感受会累积在身体里。

宣宣 真的不好改，很多时候我明明知道我的想法是错的，但我就是不愿意或者说不敢改变自己的想法。

陈瑜 但这样子自己会很难过啊。

宣宣 难过也不是一天两天了。的确，我有时候会害怕跟人交流。实际上我并不是一个很内向的人，我也很渴望去交流，但有时候就是不敢，我现在说话都不太敢去看对方的眼睛。我小学时做过主持人，初中也做过几次，但是现在我越来越抗拒，不敢参加这些活动。

陈瑜 害怕什么?

宣宣 有点害怕别人的目光。

陈瑜 你怕别人的眼睛看到你什么?

宣宣 不知道。

陈瑜 不够自信?或者觉得自己不够好?

宣宣 嗯。老师或者妈妈会跟我说，我有什么样的优点，我也会尝试去看到自己的优点，但有的时候，的确看不到。

陈瑜 跟其他同学比较，会让你觉得无论怎样，都不可能是最好的?

宣宣 嗯，他们有的时候说我好，我总觉得那些话都很假。

陈瑜 那他们说你“不够好”，你觉得很真实吗？

宣宣 很真实。

- 5 -

陈瑜 班主任让你周五回家调整一下，但为什么第二周的星期一、星期二都没去上学？

宣宣 说实话，其实就是有点不太敢去。

陈瑜 怕什么？

宣宣 可能怕再出问题吧。

陈瑜 待在家里那两天，心里着急吗？

宣宣 还是会有些着急的。周一那天，我还是比较想上学的，但是周日晚上，我妈妈跟我说了好多，说得我有点不太敢去了。

陈瑜 你妈妈跟你说了什么，让你觉得挺担心的？

宣宣 比如说，“你能不能做好准备，有没有调整好，尽量不要再出问题”。

陈瑜 而你恰恰怕出问题，她这么一说，你就更紧张了？

宣宣 嗯。

陈瑜 那个时候，你希望爸爸妈妈说什么，会让你安心？

宣宣 什么都不说。

陈瑜 后来怎么鼓足勇气去学校的?

宣宣 周一晚上就不是很想去，周二早上起来也不是很想去，有点近似抓狂，我哭了一会儿，然后睡着了，11 点多起来，感觉没什么事儿了，就去学校了。

陈瑜 重新回到课堂，是什么感受?

宣宣 虽然就没去几天，但好多东西都变了。我说不清楚。

陈瑜 现在对你来说，最大的烦恼是什么?

宣宣 我也不知道，想不明白，特别乱。我只知道发生了什么事，我变成了什么样，但我不知道到底是因为什么。我想找到原来那个状态，原来那个自己，那个相对活泼一点的自己。其实我觉得爸爸妈妈也挺好的，我有的时候能感受到他们说那些还是为了我。我感觉不舒服，是因为被他们说中了，有种被揭穿的不舒服，只是他们的方式……

陈瑜 我跟你妈妈建议了，以后不要老跟你“谈交易”，什么期中考进年级前 100 可以养猫之类的。

宣宣 我猜到她跟您聊了，那天吃完饭她就跟我说了，说“我以后绝对不会拿什么东西当你学习的筹码，无论你学习好不好，都能养猫”。我就猜到她不是跟您聊过，就是跟别人聊了，要不她肯定不会说出那些话来。

陈瑜 不过从这个角度来说，你妈妈还是有反思能力的。

宣宣 我知道，我也挺欣慰的，其实我能感觉到她也一直在尝试做出改变。她之前绝对不是这种状态，要是之前，我停学在家，她肯定就“炸”了。

陈瑜 如果她“炸”了，你会更痛苦。

宣宣 对，就是相互理解吧。

谢谢您，当时我妈妈让我跟您聊，我表现得不是很想说，但其实我还是挺激动的，很想找个人去说说这些。

我之前看过您写的那些文章，和他们比，我真的是好很多。

我会去尝试改变自己。人嘛，总得长大……

采访手记

把青春期的孩子当室友

在我刚刚当母亲的时候，有幸认识了一位特别优秀的早教老师，毫不夸张地说，这位“开心”老师奠定了我的育儿观。

对我影响最深的一次交流，是在我儿子两岁那会儿，进入第一叛逆期的小屁孩儿，让我完全束手无策。

“恭喜你啊！”我向老师求助时，她竟然表示祝贺，“你原来那套模式不太管用了，真好，说明宝贝又长大了！”

她给了我一个全新的视角来看待孩子的“问题”，启迪我去了解孩子成长的规律，思考身为父母我们该如何不断调整，得以更好地陪伴孩子成长。

青春期被称作第二叛逆期，孩子们的长势到了最迅猛的阶段，除了节节拔高的身体，还有不断增强的自我意识。“孩子好像变了一个人，真不知道他在想什么，还老嫌我烦！”这是家长们最常有的抱怨。

任何时候，“关系”是解决问题的前提。而有些家庭教育问题之所以棘手，一个重大原因就是孩子在长大的过程中，对家长关了房门，也关了心门。

送你八个字，智慧的家长“有扣则鸣，不扣不鸣”，把青春期的孩子当室友。孩子主动来找，我们积极回应；没声响，我们也要学会“闭嘴”。

总之，暗中护航，不去添堵！

当然，我也见过一路风平浪静的家庭，关键是前期的底子打得扎实。如果亲子关系良好，孩子的各种情绪都能被看见、被接纳，家庭成员有丰沛的共同话题，每个人都有独立的空间和自由，那还需要叛逆啥呢？

13

其实每个孩子都是向着好去的，不允许自己变得很差

奶盐／男生／十年级／上海

奶盐读高一，给人的第一印象，一定有“俊秀”这两个字，就像从日本漫画里走出来的男生。

推荐我采访他的是一位心理老师，在一次有关“社会情感学习”的工作坊上，她被奶盐的发言深深打动。

我很少看到和师长的关系像奶盐那么融洽的中学生，他能和成年人建立一种平等、信任与合作的关系。

我们见面前，他发来消息说：我在学校里有一个小组，在研究“课堂沉默”这个社会问题，明天如果时间允许，我也想简单请教几个关于这方面的问题。可能会录音，仅供我们小组成员自己学习，不知道方不方便?

我当然答应，而且觉得他的沟通方式让人很舒服。

毫无疑问，奶盐是个标准意义上的优等生，重点学校的班长、社团领袖，成绩优异，但他的优秀没有攻击性和压迫感，以及让我最最害怕的天之骄子身上那种“精致的利己主义者”的味道。

难怪这一路成长，会有那么多人愿意提携他，帮助他“成事儿”，包括刚刚认识他的我……

- 1 -

陈瑜 你是怎么接触到“社会情感学习”的？

奶盐 六年级的时候，校外的陆老师每周来我们学校上一堂课，我误打误撞进了她的社团，从那个时候开始就一直在参与。我小学在公办学校，初中进了一所双语学校的分校。刚开始英语跟不上，听得一知半解，也不敢开口说话，所以算是经历了一个转型，性格是有一些变化的。

社会情感学习比较注意你的感受和表达。当时，陆老师让我们给10年后的自己写一封信，并写下我们性格的哪些部分需要改变或哪一点需要加强。我仔细想了想，写下：勇气和自信。

前几天，陆老师还把我以前写的信发给我看。

陈瑜 社会情感学习，主要学些什么？

奶盐 那时陆老师经常带我们玩游戏，叫“我带你玩小游戏，你来发现大道理”。比如，“我说你做”，我说出的指令和做出的手势是不一样的，你不仔细听，光跟着我的手势做，就会出错。

生活中很多时候就是这样，“行大于言”，就像有些家长会自己一边玩手机，一边跟孩子说“别玩游戏了，快去写作业”，行动的影响大过语言——会有一些这样的启示。

陆老师是很让人放心的人，她鼓励我们在学校升旗仪式上带同学们玩这些小游戏，她就在下面为我们托底。

陈瑜 这位校外老师为你打开了一扇门。

奶盐 对。那时候，她让我当她的助教，我帮她做PPT，跟她参加了很多活动。

她真的把我当作“合作伙伴”，会给我打电话说：“我们这个要设计一下。”“那个课你觉得要怎么上？”……给我一种感觉，她是真的在和你认真交流，而不是哄哄你，实际上还是自己在干全部的事情。

站在活动设计者和组织者的角度，我就很有责任感，肩膀上有压力了：场地没找到怎么弄？课程要怎么设计？宣传要怎么做？……活动正式开始，我就是场控，要在电脑上操作的事情，老人家不熟，我就去切换PPT，很自然地开始负责活动里后勤的工作。

陆老师之前在敦煌插队当过乡村女教师。有一次，她在我们社团里说，想把社会情感学习带回敦煌，给那边学校的老师上上课。

我们一听觉得很有意思，本以为她随口说说，没想到她真的去做了。她带我们公益募捐，我们自己做海报，周末去地铁站、商场向路人募捐，介绍我们的活动。

暑假的时候，我们带着参加过活动的小小引导师去敦煌，在那里待了5天，有6所学校的学生、老师、家长参与我们的活动。

陈瑜 很难得的经历！参与这一系列的活动，对你来说收获了什么？

奶盐 收获的是对自己的一种认识。

一直以来，在学校的很多活动中，我就是一个过客，是一个被动的参与者，觉得校方应当为我准备好流程，要让我有所收获。然后，我会觉得人家很厉害、很优秀、很有能力，而我就是一个随波逐流的人。

跟着这位老师工作，很大程度地打开了我的自我意识，她主张“其实孩子的能量比很多成年人都要大”。

她会鼓励我：“可能这些活动，高中生、大学生做得会比较多一点，但你们初中生就不行吗？你们和他们的年龄差距就决定了他们能干，你们就没有这个能力吗？”

在她的引导下，我真的觉得我能做到，我是有能力的，只要我愿意，肯付出，能思考，我确实可以带活动。

她也给我提供了很多机会，长沙、山东的老师过来学习，她就很大胆，带着我们这些孩子去给老师们上课。给老师带游戏，感觉更不一样，让我们见到了老师在课堂外的一面。

陆老师没有那么多要求，说你一定要做到什么程度，她很宽容。如果让你去背，让你去记，告诉你这个地方你要说这句话，那个时候要带大家这样玩，其实反而会打消我们学生的创造性、自主性，而给我们大的空间，我们就会有很多惊喜的东西冒出来。

有一个很明显的对比，我参加学生会，轮到我主持学校的升旗仪式时，我会感觉很紧张很紧张，害怕看到台下那么多双审视我的眼睛，而负责升旗仪式的教导主任投来的也是批判的目光，我生怕出错。

而在社会情感学习的环境里面，大家都很和善，要发表什么意见都可以，根本不用打草稿。我觉得很舒畅，确实是一种有勇气和诚意的表达，大家也都说我讲得很好。

这就是对自我意识的一种开发和唤醒，让我觉得自己可以做很多事情。

- 2 -

奶盐 还有一位老师对我影响也很大，就是我们初中招生办的老师，他对教育很有热情，平时有一种“痞”气，可以和同学们玩在一起，打成一片，让你感觉他就是个好哥们儿。

他还在学校里开了个小社团，自己在网易公开课学习《自我发展心理学》和哈佛大学的《幸福课》，然后再来教我们。七年级的时候，他一周会带我们一次晚自习。他跟我们说，你们试着培养一个具体的小习惯，比如，每天读半小时的书，每天做10道习题。他让我们整个班的同学自己订个计划，写在纸条上交给他。然后呢，他每周会来问一次，“你在坚持吗？”那时候我正好每天读一会儿书，可能偶尔会漏一两次，不过没关系。老师问：“谁坚持了？”我也举手说我坚持了。然后他就说：“坚持的人，哪天晚自习有空可以来找我聊聊天。”

我去找他，他让我给自己定一个10年的计划。我那时十三四岁，10年后差不多大学毕业，要么在读研究生，要么去工作了。

老师问我：“你想去哪个大学？”

很好笑的是，那时候我懒得选，也不想了解什么，每个人都有个哈佛梦嘛，我就说：“我要去哈佛。”

他鼓励我，顺着往下说：“要去哈佛，那你高中想去哪里？”

“我要去本部。”

“如果进了本部，要怎么样才能去哈佛？”

“要保持 number one（第一名），就有机会去哈佛。”

陈瑜 嗯，他引导你思考，让你把一个看似遥不可及的目标，拆解成当下一个一个的小目标。

奶盐 那时候被他这么一引导，就有一种目标感的驱使。

本部招生考试规定，如果你托福成绩在90分以上，就可以免笔试。于是我就准备托福去了，很拼很拼。上课的时候，老师在上面讲课，我在下面背单词，现在也觉得有点不尊重老师。

语文老师没收了我三本单词书，收一本，我买一本，继续背。那时候我很不理解，我这不也是学习吗？我只是在你的语文课上学英语而已，起码比上课睡觉的认真多了，为什么要这样对我？

我会抓紧做完作业，到了晚自习，做一个小时的英语阅读，写一篇英语文章，回寝室后练口语和听力。

感觉那个时候我把托福和未来绑在一起了，也是对自己实力的一种挑战。

陈瑜 后来托福考了多少分？

奶盐 我运气很好，考了 103 分。让我小小骄傲一下，我是我们学校第一个托福考上三位数的。我那个目标，算是有了一个阶段性的小成功。

这位招生办的老师给了我很多鼓励和前进方向，是让我把想法变成行动的人。

陈瑜 很不容易啊，从进校时上课听不懂，到毕业前托福考全校第一。

你也挺幸运的，中学阶段碰到很多好老师，给了你重要的人生启蒙。

奶盐 对，很幸运。

- 3 -

陈瑜 我接触到的一些中学生，跟师长的关系都是剑拔弩张的，就算没那么紧张，看到大人也是绕道走。你为什么跟老师的关系这么好？

奶盐 在和很多成年人的接触中，你会无形之中感受到一种要求：父母要你学习好，不要多玩手机；老师要你好好写作业，上课认真听讲；课外活动的老师希望你积极参与，表现突出……但是在我和这些老师接触的过程中，会觉得可以放下心来，他们鼓励我真实就好，做我自己就好。

我的爸爸也不是一个很威严的爸爸，我后来才想到，他明明是个理工男，怎么教育方法和教育理念那么先进？

我小的时候社会有一股热潮，大家都报很多兴趣班，我爸爸也帮我报了少年宫的琴棋书画课。我上到二年级，新鲜感就没有了。三年级的时候，有点自己的想法，觉得就这么混着上，没劲，没兴趣，不想去了。

我妈妈就觉得都已经为你花这么多钱了，你不去不是浪费吗？而我爸爸就会反复跟我确认："你确定你不想去了？你确定吗？"我确认后，他就帮我退掉了。

很多时候，他会尊重我的想法，给我很多自由，很开明，比如说他也不怎么管我打游戏。

我小学时下午 4 点放学，作业抓紧在学校做完，只剩一点点，所以到家就先打两小时游戏，然后吃饭，再玩两小时到晚上 8 点，睡觉前赶紧把没写的作业写完。如果实在懒，不想写了，就早上起来再写。

每天打游戏的时间，有三四小时。

陈瑜 对小学生来说时间挺长。

奶盐 是挺长的。

其实游戏对我来说有很多不一样的意义，这个只有打过才能明白。

游戏有一些交友系统，会有那种小工会，可以申请加入。我是一个小学生，他们都是初中生、高中生、成年人，每天在里面聊聊天，真的很有意思。那个时候我还挺多朋友的。

陈瑜 别人不知道你是小学生?

奶盐 我会刻意隐瞒我的年龄，不过也无所谓，其实大家也不太在意。

网络游戏给我打开了一个接触世界的通道，很多学生的世界就是学校和家，还有课外补习班认识的那些人，但对我来说，世界就是五湖四海啊!

我后来觉得在网上交友比打怪升级本身更好玩一点。我登录一个游戏，整整两小时，都在看他们的聊天消息，很好玩。

这也给我带来一种感觉，让我觉得跟成年人或者年纪比我大的人，没有那么深的距离感。

陈瑜 你跟成年人交流的姿态会比较平等？

奶盐 对的。

陈瑜 很多事情真的是有利有弊，打游戏带给你一种不怵交流的能力。

你说你爸爸很尊重你的想法，你觉得什么想法是别人的爸爸比较难以接受，但是你爸爸却可以接受？

奶盐 打游戏算一个。爸爸的手段很高明，假期里我会打得很疯，他就跟我说“早点睡，少打一点”。有时候，我突然觉得：我打这么久，他都不管了吗？

后来我跟他聊：“你当时是怎么静得下心来，可以这么放手的？”他说：“管你有用吗？说你、批评你有用吗？你最后还是会打，还不如就放手，你自己会醒悟的。”

陈瑜 如果你是一个不会醒悟的小孩呢？

奶盐 这个问题就很辩证。有没有可能是因为爸妈觉得我会醒悟，所以放手，然后我突然就醒悟了？

陈瑜 你醒悟是“悟”到了什么？

奶盐 突然一下子就觉得没劲了。

其实每个孩子都是向着好去的，不会允许自己变得很差。玩久了，就会开始想，是不是我该去学习学习了？其实大家都会这样想，但有的人被爸爸妈妈一催，会产生逆反心理。

陈瑜 所以你爸爸妈妈挺等得起。

奶盐 真的挺等得起的。

我现在不打了，可能跟学校环境有关，你会发现如果你不对自己有点要求，很容易就啥也学不成。最后你是要考试的，考得不好，没人为你买单，没人替你负责。而且现在补课费用很贵，爸爸妈妈更教不了你，就得靠自己。

陈瑜 嗯，现在每周回家一次，全家人是什么样的相处模式？

奶盐 各自做各自的事，聚到一起的时候就互相关心。

我平时在学校住宿，回家挺愿意和爸爸妈妈聊聊天的，聊学习，聊老师，聊一些自己的目标，让他们放心，知道我是个懂事的孩子。

- 4 -

陈瑜 你和其他孩子有很多不一样的地方，除了在学校学习，你还有很多社会化学习的经历。两者对你来说，有什么不同？

奶盐 学校的学习，相对来说更千篇一律，每个老师都有教案，有最后要达到的标准。

对很多学生来说，我应对考试都忙不过来，哪有时间去感受，去培养兴趣，去挖掘想法？已经无暇顾及了。

比如语文，为考试而学的东西和所谓的文学是不太一样的。很多人热爱的其实是文学，去体会作者字里行间想表达的意思、对生活的思考。而语文考试要去踩得分点，这就和你的美学感受很不一样，每个人对一件艺术作品、对一个文学作品会有很多不一样的感受，你要让它变成唯一的标准答案，就很没劲。

而我在社会课堂里学的东西，是可以融入生活的一种价值观和理念。比如尊重别人的感受，包容，不批判，鼓励每个人真实地表达，注重过程，注重在过程里生成的东西。很多时候我们要求结果，但实际上你做这件事本身就是很有价值的，而且会有很多体验值得你去挖掘。

解决社会问题是大家可以看到的，但大家看不到的，是我们为此而努力去做的准备：协商合作、去拉赞助、去查文献、去访谈……准备的过程中，有宝藏埋在那条路上。

陈瑜 嗯，的确有宝藏埋在路上！

你对很多问题都有自己的思考和理解，我很好奇，你有没有特别迷茫的时候？

奶盐 九年级的时候，我考完托福了，就在想：我为什么要考呢？我真的是为了我自己？还是因为要证明给别人看？还是为了满足老师和家长的期待？如果我为了自己去考这个托福，那我的未来是什么样的？我也确确实实在思考。

陈瑜 你刚才说，你考托福是为了进本部，进本部是为了进哈佛。

这是不是一个目标线呢?

奶盐 那问题是，我去哈佛之后，未来要干什么呢? 它只不过是我人生的一站而已，但最后我究竟要做什么?

那段时间，我不想去思考这样的问题，就把自己埋在小说里面，有时会读到凌晨 3 点。

我还会很神奇地在晚上 11 点突然去骑车兜风，夜晚的风很舒服，不用思考要去哪里，反正最后都可以导航导回来。

我今天就想向北，明天可能向南。骑车的时候很自由，放飞自我，会有一种超脱现实、不再为这些事情烦心的感觉。

回来的时候，会去 24 小时营业的店里，吃一碗红烧牛肉面，这成了一种小小的仪式，也是一种小确幸。

陈瑜 现在还在比较迷茫的状态里，还是说觉得未来的方向稍微清晰一点了?

奶盐 有可能清晰一点了。

今年暑假，我在一家升学机构当助教，我本来就在那里上课，跟老板的关系比较好，所以就申请带几个比我小几岁的学生背背单词、写写作业。和这些孩子接触，看到他们的状态，看到家庭对他们的影响，就会有很多很深的感触。

现在，我比较想去学教育心理学，以后有能力的时候，用自己的力量去改变些什么。

陈瑜 你看到什么让你有感触?

奶盐 现在很多学生对自己的未来很迷茫，大部分人是想摆脱这种状态的，但就像陷在沼泽里似的，你越动就陷得越深。

那句话怎么说来着？“间歇性踌躇满志，长期性灰心丧气”。

青春期开始认识世界，有很多疑惑、很多纠结，很多人会觉得上学校的课就是为了考试，不知道自己真正热爱的是什么。一团乱麻理不清的时候，就开始逃了，开始放弃思考。

我想学教育心理学，以后通过自己的专业和能力，能够让青少年不要放弃寻找：“你是谁？”“你打算干什么？”……你的热血哪怕不沸腾，起码不要让它凉掉。

你现在找不到你的方向，很正常，有的人到四五十岁还不知道在干吗呢！但“你想找”和“你已经放弃了”是两码事。“有的人 20 岁就死了，80 岁才埋”，所以，不要让梦想熄灭，不要停止寻找。

很多人为了生活奔波忙碌，最后一个人躺在床上，开始怀疑自己的存在、活着的意义。如果一个人能实现自己的价值，那他就是幸福的。我有这样的亲身经历，当我真的很有目标的时候，我感觉整个人都是燃烧起来的。

陈瑜 这样的人生观，是你自己悟出来的？还是受谁的影响？或是接收了外界的信息？

奶盐 可能是我自己胡思乱想出来的吧。

陈瑜 你说你想学教育心理学，希望去改变一些东西。你想改变什么呢？

奶盐　想要改变大家的价值观：能够更加尊重自然的发生？

像我爸爸妈妈那样，等孩子自己醒悟，那得有个强大的心脏。如果你选择相信孩子，你自己得承受，要托得住这个底。说起来很矛盾，因为你不对孩子有要求，世界也会对孩子有要求。

所以，怎样能够做到你不对孩子有要求，孩子又能自然地达到那个要求——这就是一个很值得思考的问题。

我说要改变一些东西，是要去尊重孩子的自主性，尊重先天就存在于他们身体里的能量，我们要做的就是把他们潜在的能量激发出来，像催化剂一样，父母不应该参与孩子人生的化学反应。写化学方程式时，催化剂是不写在方程式里的，它不参与反应，它催化反应发生。

陈瑜　这个比喻特别好。

奶盐　我们能够加快，或者说能够让他们的自然发生完成得更好，但不能按自己的想法把他们塑造成我们想要的模样。

- 5 -

陈瑜　小学进初中时面临一次转型，现在升入高中怎么样，是不是更自信了？

奶盐　从学业上来说，有的同学学得比较超前，但那并不是不可逾越的鸿沟。我的优势在于我有更多的经历，我对很多事情有不一样的认知，我还是挺相信自己的，我的综合水平不差。

陈瑜 跟我说说，你怎么一进本部就当上了班长？

奶盐 是这样的，我也不是竞选才当上的。刚入学第一天早上，我们班主任迟到了，大家特别尴尬，相互不认识，也没有人破冰。有的人大早上就趴在桌上，满脸写着“无聊”。

我之前经常带活动，有经验，也不害羞，我纠结了10分钟，还是走上讲台，跟同学们说，我叫 ×××，看大家有点无聊，给大家带个活动吧。我就让同学们做自我介绍，说说自己的爱好和特长，说完之后，指定下一个发言者。

同学们都比较配合，然后就这么进行下去了。班主任赶到时，我们还没有说完，她很惊讶：“啊，你们已经开始啦！”然后班主任说需要选临时班长，有一个男生说：“刚刚带我们破冰的同学，我推荐。”我就这么被选上了。

陈瑜 之前的积累给到你很多……

奶盐 经验和勇气，不然我也不敢。我顶多能看到大家挺尴尬，但是老师会破冰的，我们就等她来嘛。

陈瑜 有句话说：我们的人生去到哪里，都是之前所有经历的总和。

奶盐 嗯，是这样的。

我刚进学校就发起并成立了一个社会情感学习的社团，这对高一新生来说，是比较少见的。

我那时要一个班一个班去做社团宣传，跟几个好朋友说，要不要来捧捧场，结果说着说着我们班一半的人跟我来了。我们班级特别好，大家都挺有爱的。有一个同学把我的照片做成社团微信群的入群二维码，很多同学陪我一起走班社宣。我们社团群的人数一下子从四五十人扩展到了 100 多人，很有成就感。

我当时发了一条朋友圈说这事儿，很感激他们。有一个同学看外表很理工男，上课打游戏，就是他把我的头像做成入群二维码的，他说："虽然我们对班长的社团不感兴趣，但班长需要帮助时，我们班肯定是第一个站出来的。"

我在地铁上看到，差点流泪，太感动了。

陈瑜　你有一种气质或者说素养，别人跟你接触之后，会很愿意帮你成事儿，于是就有很多的资源和机会落在你身上，你也会好好地珍惜和利用，去完成一个超越个人的更大的目标。

有什么我能帮得上的，随时说。

奶盐　谢谢……

采 访 手 记

被平等对待过的孩子有不一样的气象

有两类孩子打起交道来有点难：一类是一直被家长强势控制，没什么想法，像是提线木偶；一类是理所当然地认为全世界都应该围着自己转，完全不在意他人的需求和感受。

这两类孩子都不少。

奶盐不存在这样的问题，他被平等对待过，他的自我充分生长过，哪怕在成人世界里，他的平等感和对自我的确信，都能让他成为一个让人舒服又令人信赖的合作者。

这么善于在关系中获得滋养的孩子，怎么可能不走得高走得远？他从来不是一个人在战斗！

从这个角度来说，把学校描绘成竞争场、把同学定义为对手是危险的，如果你是这样给孩子洗脑的家长，有一个假设，不妨思考看看：

如果你的孩子是你的公司新来的实习生，你喜欢他这个人吗？你认可他的综合能力吗？你会倾力传授他真本事吗？……

如果回答都是“否”，那即便他揣着哈佛大学的毕业证，也只能闪耀一时。

14

成绩代表学生的一切，我只能努力

兔球／女生／八年级／河南

我和兔球在微信上用文字聊天，有时一个问题抛过去，会隔很久才收到回复。她在紧锣密鼓的复习期，期末考试近在眼前。

有一天夜里，兔球问我："结婚是为了什么？"不等我回答，她就开始讲述她们家的故事。

她没有一刻不恨她爸爸，她极度渴望母亲的爱，她认为比她晚一分钟出生的弟弟夺走了原本属于她的东西，但之后却又庆幸拥有这个亲人……

一个认定只能用成绩证明自己的孩子，有多辛苦？

一个只有生病时才能接收到妈妈"爱"的信息的孩子，有多痛苦？

我时常想隔空抱抱兔球……

- 1 -

陈瑜 压力大吗?

兔球 压力山大!

我们学校分尖子班和普通班。我初一和初二上学期在普通班，成绩没掉过前三。我妈妈花了钱，通了关系，今年冬天把我和龙凤胎弟弟一起转进了尖子班，以我们家的经济条件，花费算是超额比较多。

一来尖子班，我才发现自己是井底之蛙，他们太厉害了，我很害怕，天天熬夜学习，比以前更努力。

陈瑜 目前在尖子班是什么水平?

兔球 虽然超过了很多人，但是我依旧在 20 多名徘徊。我们学校根据成绩来排座位，每个人的名次一目了然。

以前在普通班，我都是坐第一排，被老师夸奖，回答问题也总能领奖。现在来到尖子班，坐第五排，旁边都是学习不好的。看前后左右的人，都是竞争对手，这种感觉巨恐怖！每次考试都害怕有人考得比我高，经常杞人忧天。

陈瑜 焦虑吗?

兔球 很紧张，有时候考烦了，就会很难受，会疯狂喝水、吃东西、系鞋带、抠手，会经常在空闲时间发呆，上课容易走神。

我所在的省是人口大省，别说高考，这边中考也竞争激烈，就是传说中的相差一分名次就差 2000。我的成绩忽高忽低，说不定哪天心情好就考高点，心情不好就……挂了。

现在很害怕期末考试考得不好，被以前普通班的同学嘲笑。我怕我妈妈担心，没有跟她说，我也怕我没考好，让她伤心。

陈瑜 学习成绩对你来说意味着什么？

兔球 我一直希望用成绩来证明自己，能在人群中脱颖而出。

我们家重男轻女，我有个同龄表姐，她和她弟弟小时候都非常聪明，是我们家所有亲戚的宠儿，我就是家族里“最不聪明的孩子”。所以我养成了任劳任怨、受欺负也不敢说的性格，我害怕丢脸，也害怕没有朋友。虽然现在我的学习成绩比他们都好，但是我还是打心底里害怕失去这个成绩。

陈瑜 嗯，在一个重男轻女的家庭环境里，身为女生，可能有一个蛮重要的命题，就是寻找自己的价值感吧？

兔球 我跟我的家人关系不温不火，只能靠考试。可是不管我哪一次考得比弟弟好，妈妈都不会夸我。小时候她总说我，“你咋这么傻”“蠢得跟猪一样”“跟你爸一样”“无能”“废物”……这些话使我充满恐惧。

后来上了初中，有一次我考试成绩比我弟弟好特别多，得到我妈一句“考得不错”，从此我就知道好成绩能让我获得我妈妈的“爱”，所以我渴望考试，渴望证明。

现在我弟弟的学习没有我好，大概只能上这里的市重点，我比他好一点，努把力能上省重点高中。

陈瑜 成绩似乎变成了你唯一的救命稻草。

兔球 如果没有它，我还不如去死。

陈瑜 可我们来到这个世界，不是为了考高分来证明自己的。

兔球 我希望能证明我特别聪明，但我很自卑，有时候考得好，还会怀疑是老师判错了。我很担心，甚至有些不敢相信自己的“聪明”。我努力学习，因为我害怕我妈妈说“你真无能，我怎么生了个这么蠢的孩子”。

在目前的大环境，成绩代表学生的一切，我只能努力。

- 2 -

陈瑜 跟弟弟关系怎么样？

兔球 我跟我弟弟是龙凤胎，我只比他大一分钟。

我听我爸爸说过，后来又向亲戚们反复求证：我妈妈怀孕时都说好了，是女孩就打掉，结果一查竟然是一男一女！如果没有我弟弟，我可能就不会来到这世上了。

上初中以前，我很恨我弟弟。我妈妈重男轻女，总是挑剔我，把好东西都给我弟弟，给他买新衣服，我只能穿表姐、亲戚给的二手衣服。

二〇一几年的时候流行溜冰鞋，简直可以说是小孩的梦想啊！我妈妈带我们去买溜冰鞋，但是只能买一双。我要粉色的，她却只给我弟弟买了蓝色的。我觉得是弟弟夺走了原本属于我的东西。

后来发现我弟弟在背地里做了很多对我好的事情，我才理解了什么是爱，从此跟我弟弟的关系非常好。

陈瑜 弟弟背地里做了什么对你好的事情，让你理解了爱？

兔球 上初一时，我在普通班没有太多朋友，经常被人欺负。我弟弟知道了，就想保护我，他认识一些学校里的混混，就找他们去警告那些欺负我的人别再那么做，没有打架，只是警告。

那段时间我跟女生处得不好，有个混混女班长很讨厌我（当然我也很烦她），就经常耍心机欺负我、孤立我、背地里骂我。我弟弟知道了，就替我骂她。仔细一想，那段时间我感受到了活力和生命，即使我做的那些事看起来很傻。

中午在学校吃饭，我会把鸡蛋给弟弟（我是素食主义者，而且我很讨厌鸡蛋），青春期的男孩子胃口真的太好了。我学会了对他好。虽然我们从小打到大，但还是任何时候都在一起，如果我们不是亲人，就应该是认识十几年的好朋友了吧。

陈瑜 真好！你弟弟没有像有些男孩子，仗着父母的偏心，变本加厉地欺负自己的姐妹，而是为你出头。你也很大度，没有把对父母的不满发泄到弟弟身上，而是敞开心扉接纳他。这真的很了不起！

兔球 我很庆幸，父母的不公平没有使我们姐弟产生隔阂，感谢上苍能让我遇见我弟弟。

- 3 -

兔球 姐姐，结婚是为了什么？

我父母结婚十几年，从没有过结婚纪念日，我妈妈做的一切事情都围绕着我和我弟弟。

在我 5 岁到 9 岁这段时间，他们的婚姻出现了裂痕（又或者他们结婚本就是个错误），我爸爸出轨了。我很少见到我爸爸，他总去那个所谓“抢走我爸爸的女人”那里。

从此，我开始变得懂事。妈妈上班，我一个人照顾弟弟，5 岁的孩子学会了刷碗、洗衣服、刷鞋，过马路给弟弟买面包吃。我妈会半夜出门去找我爸爸，我跟弟弟就会开着电脑，熬到天亮等我妈妈回来。

我不记事，一度以为自己没有爸爸，所以我依赖妈妈，孤单，没有朋友，独立，懂事。

习惯孤单后，妈妈却又和爸爸一起把这个破碎的家庭用胶带粘好了。

我恨我爸爸，他让我妈妈半夜抱着我哭、喝84消毒液，他每次回到家都拿皮带打我们，甚至连我的名字都不会写。我奶奶家的那些叔叔、伯伯、姑姑、姑父也总是欺负我妈妈，所以我从小到大的梦想，就是成为一个男生，能得到爱，能保护心爱的家人。

我没有一刻不恨我爸爸，他也从没出现在我任何“有爱的记忆”里。我知道他们一定会离婚，因为他们根本就不爱对方。因为上学的费用我家要付双人份，花费很高，我和弟弟还进了尖子班，透支了他们一年的工资，所以我爸爸去比较远的地方工作了。

妈妈机缘巧合下遇见了一个男人，他帮我们调班，我妈妈有他微信，他俩就天天聊，我也没觉得有什么异常。后来我慢慢发现不对劲，妈妈变得爱漂亮了，还经常化妆，晚上出门，有时候都不接我们放学了，开始胡思乱想，这些事情我爸爸并不知道。

陈瑜 一边应付繁重的学业，一边还要烦心父母的婚姻和家庭的事，你真不容易!

兔球 在我5岁到14岁的九年里，我妈妈经常骂我爸爸，还说她后悔嫁给他，说要不是因为我们，她就离婚了。

5岁的时候我爸妈要离婚，我妈大半夜出去，让我别跟着她，她只能带走我弟弟，我哭着跟了她一路，求她别丢下我。我去找我爸爸，我爸爸却说他也不要我。我不顾尊严地求他们别留下我一个人，所幸后来他们没有离婚。

陈瑜 好心疼。

兔球 12 岁的时候，我养了一条狗，那是我童年唯一的朋友和爱了吧。

在我 12 岁时，我们家只有两个房间，我只能睡客厅，那条狗就陪着我，半夜还会叫我。三四个月后，我妈妈要把这条狗送走，因为养狗花销大，而且她不喜欢小动物。

我又一次没有尊严地哀求，可是第二天我去上学，她还是送走了那条狗。我没有哭，只是感到惊讶，原来我的意见根本不重要，我们的关系就开始破裂了。

时间不等人，逼着我长大，我恨我爸爸，他是仇人，我对他没有任何感情。我也恨我妈妈，恨这个支离破碎的"家"，摇摇欲坠。

《隐秘的角落》里有一句话，"你们以为我小，以为我不记得，其实我都记得"（大概意思）。很多事情其实是我希望自己不记得，所以我装作不记得，小心翼翼守护这个家。

- 4 -

兔球 父母会比爱自己更爱孩子吗?

陈瑜 就我看来，大部分会的。这也是为什么灾难发生时，如果只有一线生机，很多父母会毫不犹豫地把机会留给孩子。

兔球 准确来说，我感受不到“爱”，我花了很多时间去治愈自己，孤独至极。我看了很多书，来麻痹和填补我那颗缺爱的心，卑微、自卑、没有尊严，我在现实世界和虚拟世界中一沉一浮，痛苦不堪，甚至很希望所有人都死掉。

妈妈的焦虑，让我整个童年都在担忧。我父母都是打工的，而且还经常没有工作，所以我从小就天天听着我妈念叨“你不学习就跟你爸一样无能”，每次成绩低一些就很害怕，甚至希望自己去死。

我每天最担心的就是我妈说家里没钱了，每天都害怕“吃了这顿没下顿”。当然情况没有这么严重，但我们家那个时候日子真的很困难。

我妈妈很自以为是，这点令我厌恶。她以前是律师事务所的实习生，其实没考上大学，读的大专。嫁给我爸之后，她一直说，如果没有我们，她就是律师了，可明明是她自己不学习，没考上，最后被刷下来了。

我妈妈就会抱怨、抱怨、抱怨，没完没了地抱怨，每天都叨叨一大堆让我恶心的上辈人的恩怨，要是不喜欢面对他们，就离婚啊！

有时候孩子的离开，是父母逼的，我渴望离家出走，想去寻找诗和远方。可妈妈让我以后就考当地的学校，找个有钱人嫁了，烂在这个地方。她也不支持我买书，说那是浪费钱。可另一方面，也许是孩子天性的依赖吧，内心里，我深爱我的家人，我爱我妈妈，因为我深知她的付出和期望，我也希望我能被她爱。

我初一的时候因为学习经常生病，得了胃病、中耳炎，还近视了。有一次我胃疼，发烧，哭得很厉害，学会了向妈妈撒娇示弱。生病可以不上学，可以让妈妈担心，然后得到“爱”的信息。

陈瑜 如果不生病，就得不到妈妈“爱”的信息？

兔球 是的，准确来说是感受不到“爱”。

我很自卑，觉得自己什么都配不上，什么都不行，别人夸我都受宠若惊，对于幸福，会因为害怕失去而不敢拥有，也没有真正感受过爱。

陈瑜 嗯，每个人内心深处都是渴望被爱的，当我们被充分爱过之后，爱会漫溢出来，让我们具备了爱别人的能力。

很多爸爸妈妈不懂得如何爱孩子，有时候深究一下会发现，因为他们小时候没有被好好爱过。

兔球 “你是一个母亲，却不是一个好妈妈。”我很想对我妈妈说这句话。

我现在可以心平气和地说出这些了，像开玩笑一样，看起来不在意，但心里的爱的缺失，永远弥补不了……

采 访 手 记

你觉得自己值得被爱吗？

我们来来往往地聊着，这段对话伴随了兔球的整个期末考试。她考得不错，自己和妈妈都满意，但让她忍无可忍的是，妈妈又开始跟她抱怨家里的那些“破事”，她们又大吵了一架。

有一天，我把心里憋了很久的一个问题抛给她：“你觉得自己值得被爱吗？”

陈瑜 你觉得自己是一个值得被爱的孩子吗？

兔球 我不值得被爱，或许我不知道爱到底是什么吧，面对小动物和人的死亡，我没有任何伤心，只是一想到自己的孤单和被抛弃，会很害怕。

我没有感觉过爱，我的家庭支离破碎，我爸跟我妈满口谎言。

陈瑜 亲爱的兔球，在这样的家庭环境里长大的孩子，内心里对爱是非常渴望的。有一个模式，是认为自己不值得被爱的孩子会跳入的，我早早告诉你，希望你能够用自己的力量去避免，这很难，但能够觉察，就有改变的可能。

兔球 我想要爱，想要父母的爱，想要别人的接纳，想要妈妈的夸奖，想要不被抛弃。

陈瑜 认为自己不值得被爱的人，在长大后的人际关系和亲密关系中，常常会碰到这样的情况，对于别人对自己的好，总是不太相信和接受，因为内心里觉得自己不配，于是会逃离或破坏这个关系，当喜欢自己的人真的离自己而去后，这个人就更加肯定了自己不值得被爱的结论。

相信一点，每个人来到世界上都是值得被爱的，你的父母没能给你充分的爱，是一种莫大的遗憾，但不要怀疑自己值得被爱的事实。

你被爱就是因为你是你，不附着任何外在条件。

考试分数、未来挣多少钱，都不是你被爱的理由。你爱别人，你也会被别人爱，我们来到世间是体验这些美好的，不是用分数和钱来换爱的。

兔球 谢谢你，谢谢姐姐，从来没有人告诉过我，我值得被爱。

我被世间最无法挣脱的世俗牵绊，在家和世界的天平之间摇摆不定。

陈瑜 学习被爱，学习爱人，知道做女儿时有多么渴望爱，未来自己当妈妈时，就要百分百地去爱自己的孩子。

在中国式家庭中，真的有太多“亲子关系倒置”的情况：

要孩子接住父母所有的负面情绪；

要孩子对父母的失败抱有愧疚感；

要孩子用成绩来回报父母的付出；

要孩子为家庭的矛盾和纠纷担忧；

……

孩子没法安心做孩子了。

兔球还是会常常陷落到深深的孤独里。过年的时候，她给我发来一行字：如果有上帝，我想问问他，要多么炽烈的爱才能让人感受到温暖？

15

不是我们不愿意和大人沟通，而是大人会把事情搞得很扫兴

颜颜／女生／九年级／上海

颜颜刚刚经历了中考，整个人很放松。她声音轻柔，笑起来眉眼弯弯，牙齿齐齐整整。

“我成绩不好。”女孩这样开始了自我介绍，她细腻地讲述了一个努力上进却很难把名次搞上去的孩子的心声。

绝大部分的孩子，大概都处在这样的境况里吧！

夜里，书桌前，那一坐几小时的背影。

再望一眼，愿你更能读懂他们肩头的压力……

- 1 -

陈瑜 你说自己“成绩不好”，大概是什么情况？

颜颜 我小学时成绩中上，但到了初中就不是很好。小学语文可以考前十，但初中就倒数，我也很郁闷。

小学语文的主观题，我按照自己的思路写，分数还挺高的。

但到了初中，更讲究技巧。我们语文老师都是根据"得分点"批卷的，你"点"没答到，就算答错。

我本来在背诵方面就不太擅长，就算晚上背到很晚，第二天早上起来，还是会忘记一些重要的点。而且有些东西，你背了，也不一定考到。有些你觉得自己已经背得很好了，但是一考，还是答不对。

我真的就是背不出来！

陈瑜 在学习上最大的困扰是什么？

颜颜 我最大的困扰就是：我好的方面，学校都不考！

我古琴10级，喜欢唱歌，喜欢画画，但这些学校都不考。我们初二的时候，音乐课和美术课一周轮一次，整个初三，一节音乐课都没有。

我接受新事物的快慢，取决于这个新事物是什么。就像我学拇指琴，很快就能自己弹出一首曲子，但是我学化学，就是记不住，就是背不出，就是搞不清楚。

但我不得不把更多的时间用在应付我不擅长的东西上。

陈瑜 每天在学习上花很多时间？

颜颜 我每天很早去学校，下午上完所有的课，还要加一节，很晚才能放学。

到家吃好晚饭后，7点坐到书桌前做作业，我一般控制在晚上12点半睡觉。有时功课实在太多或者题目难，会搞到一两点。

我真的很努力了!

陈瑜 努力的程度，如果以 10 分计算的话，你有几分?

颜颜 应该有七八分。

陈瑜 那要追问下，为什么不做到 10 分努力?

颜颜 那真的好累啊!

每天晚上坐在书桌前五六小时，我大概会有一个半小时处于发呆的状态，或者忍不住刷刷手机。通常是因为有些题目真的就是做不出来，但做不出来又必须做出来，我就会比较烦躁。

我也试过把手机放在客厅，但没有效果，我还是做得很慢。

我把最需要动脑筋的数学放在最前面做，因为怕到了晚上，我就更不想做了。一般那种抄写、默写的作业，我都是放在最后做的。如果实在太晚了，就会挑老师查得不严的作业偷工减料。

我不想题目不会做就空着，因为学校的任课老师和补课老师都很包容我，我不想让他们失望，所以我就会很努力地想……可是，还是想不出来。

陈瑜 没思路?

颜颜 真的很无奈，数学题真的很神奇，没有思路，就是没有思路。

实在不行，我就去网上搜，给自己一些启发。比如几何，知道辅助线怎么添，题目也就做出来了。

不到迫不得已，比如，时间完全来不及了，但是又不想空着，我是不会去抄答案的，如果感觉自己什么都不懂，心里会很慌。

- 2 -

陈瑜 听起来蛮努力了，也投入了很多时间，考试成绩还是不太理想？

颜颜 每次大考，每门课的老师按成绩由高到低报分数和排名，然后班主任再来报总成绩和总排名，包括班级排名和年级排名。

我知道自己成绩不好，但每次听成绩，心还是会怦怦跳，总想早点听到自己的名字。

其实每个学生都知道自己排名的大致位置。到了初三，好学生就那么几个，永远排在前面，但我每次总希望在自己这个档次里能排得靠前些。

陈瑜 会沮丧吗？

颜颜 在学校成绩不好、排名靠后的话，总归会不开心。我还是有些好胜心，如果同学成绩比我好，我就觉得不太开心。

不过我同学都挺好的，她们不会因为你成绩不好，就疏远你。但是，我们班也是成绩好的跟成绩好的玩儿，成绩差不多的人在一块儿。初一时来了一个转校生，开始跟我们班一个学霸关系很好，但到了初三，那个女生渐渐跟我们走得近了，学霸就跟别的成绩好的同学玩。

陈瑜 这些会给你带来什么影响吗？

颜颜 虽然我知道自己有特长，但是成绩不好还是会影响我的自信心。成绩对现在的学生来讲，就是一个评价标准，大家都看这个。

其实我挺想在学校文艺演出时上台表演，也很想在各类活动中做点工作，但是我不会主动提出来。

关于职业理想，有些想法我也不敢跟我妈妈说，她会觉得不可能。

现在选秀节目比较多，看了容易"中毒"。以前我也跟妈妈讲过想去试试看，她只是笑笑，觉得不太真实。后来就很少提了，因为我不想被她嘲笑，被她否定。

小时候我跟妈妈说，我想学跳舞，但是我妈妈觉得跳舞不是很重要，没必要学。小学时，古琴和画画我都学的，但后来，她让我两个里面选一个，因为要学习，没有那么多时间。

这几年妈妈有不小的变化，她自己也意识到这些行为会给我带来负面的影响，所以学了很多心理学、教育学方面的理论，一直在努力改变自己。

陈瑜 妈妈发生了什么变化?

颜颜 她现在更接纳我的想法，也更支持我，肯相信我在某些方面能自己做得很好。她的信任，让我变得比以前更大胆了。我庆幸我的妈妈是一个学习能力很强的人，愿意接纳别人的意见，寻找方法改变自己。

陈瑜 这次中考填志愿，妈妈也很支持你的想法？

颜颜 中考填写志愿，跟妈妈商量后，我填了职校，这个职校是七年一贯制，毕业后拿的是二本学历。我填的是幼师方向，我喜欢唱歌、画画，喜欢孩子，如果能被这个学校录取，我就有更多的时间，学自己喜欢的东西。

老师当时介绍这个学校时说，录取分数线相当于区重点，我旁边就有同学嘀咕："都能进区重点了，为什么还要去职校？"

陈瑜 同学这么说，会影响你吗？

颜颜 我觉得这个学校是适合我的，但是被同学们说多了，也会受一点影响。

陈瑜 现在在等中考成绩？

颜颜 对，现在成绩还没出来，在7月18日之前，我可以享受很久没有的自由，按照我同学的说法，可以从一张床躺到另一张床。

其实据我所知，很多重点高中预录取的学生，他们中考考完第二天就开始上课了。高中三年非常苦，我搞不懂，为什么现在学习这么苦?!

- 3 -

陈瑜 和爸爸关系如何？

颜颜 上次在家里说到我一个同学成绩比较好，我爸爸对着我的那个表情，在我看来，是在指责我成绩不好。那天我心情本来就不太好，我就说："我同学考得好不好，跟你没什么关系！"然后他就发火了，说我不努力，说了很多让我很不开心的话。

我不能跟他吵，他说我，我只能听着。如果跟他吵的话，后果很严重。不过，我这两年脾气也比较暴躁，也会莫名其妙地发火。我跟我爸爸没什么共同话题，一整天都没什么话好说。

我爸爸很固执，这两年越来越不讲道理。我不太喜欢我爸爸讲话的语气，给人的感觉好像高人一等，什么都懂，他可能想在我和妈妈面前表现出他还是很厉害的。

听我妈妈说，我爸爸在单位里工作不顺，可能因为这个，他每天回来脸色都特别难看。我觉得确实要理解他，但是他自身还是需要改变一下。我也不知道该怎么向他表达，我很爱他。

陈瑜 跟妈妈的关系更近些？

颜颜 对，但我妈妈这个人比较直来直去，有时候说话给人的感觉会很不舒服。比如，中考结束后，妈妈同意我去学唱歌。第一节课后的回家作业是练习腹式呼吸。妈妈学过瑜伽，会腹式呼吸，所以我就邀请她每天晚上跟我一起练。但是她总是指责我这不对、那不对，搞得我很不爽。我妈妈说话刺人，让人忍不住想反驳她。

有时，我在手机上看到好玩的新闻，想跟她分享。可是她会说："你每天不学习，就看这些东西。"

陈瑜 嗯，妈妈的这个反应在家长里头还蛮普遍的。

颜颜 其实我这个人比较敏感，如果有人不开心，我就会想是不是因为我造成的，想得很多。给别人的东西，我会害怕别人不喜欢，给她看视频的时候，我会观察她的表情，如果她不想看的话，我以后就少分享。

其实很多时候，不是我们不愿意跟大人沟通，而是大人会把事情搞得让人扫兴，渐渐地，孩子就把门关上了……

采访手记

养育孩子要顺势而为

因为做了“少年发声”，挂念的孩子越来越多。在工作手机里，我把他们都置顶了，以便及时看见他们的消息。

颜颜中考成绩一出来就来报喜，她终于能如愿当上幼儿园老师了。

颜颜 老师！我稳了！我妈都激动得哭了。

陈瑜 我也要哭了！跟自己家闺女考上似的，太激动了!!! 希望你能如愿以偿！

我一直信奉一句话，“每个人生来都自带粮草和地图”，有自己的能耐，有自己该去的地方。

所以，养育孩子也要顺势而为。顺什么“势”？顺势不是随大流，顺的是孩子的发展之势，前提是真正地看懂自己的孩子，然后提供资源，创造环境，让他们变得更加粮多草广，得以在人生版图上策马扬鞭。

至少自在，而且不拧巴。

16

我今年18岁，五年级离开学校，在家自学8年

定慧／男生／18岁／陕西

我花了最长的篇幅来呈现定慧的成长历程，因为他很特别。这个18岁的男生，五年级离开学校，之后的整整8年，在家学习。

2019年，他创办了一家中国自学生联盟，取名叫“自由学社”（Liberal Academy），口号是“学校没有围墙，学习生而自由”。

定慧是陕西人，在广州实习，这次来上海是自费参加一个疗愈按摩的工作坊。

他生长枝丫的能力极强，在上海没几天，就结识了不少新朋友，包括我，还拿到了三个工作机会。

做定慧的专访十分省力，每个问题抛过去，他都能条分缕析地还回来。想必他花了大把的时间复盘过往，更可贵的是，他也在推动改变的发生。

他的装扮，在人群里一眼便能认出，一袭米色的大棉袍，背着过肩的旅行包，包里插着一柄黑色长伞，酷似《倩女幽魂》里的宁采臣。

他的所有家当都在背上，每晚住几十块钱的青年旅舍，来去如风，无穷可能……

- 1 -

陈瑜 你在家学习8年，在自学生群体里算不算比较长的？

定慧 是的，我五年级的时候，是我爸爸主动把我留在家里的。

陈瑜 他不认同现在的教育？

定慧 说得再本质一些，我们家是一个修行家庭。我父亲对我的观察是，我在学校正一点一点丢掉自己的灵气，我的意识越来越追求来自他人的认可，他看到我有很多行为都在哗众取宠，而这样发展下去的结果，是他不愿意看到的。

那时候因为搬家要转学，转学费要10万块钱，我家掏不起，就借这个机会，把我留在家里。

陈瑜 你自己怎么想？

定慧 对学校的感觉一般般吧，算不上喜欢，当时也做班干部，成绩中上，有一群同学可以玩，课间聊聊游戏。

虽然要离开集体跟大家 say goodbye（说再见），我也是很难过的，但是我又想，在家可以多打打游戏，就觉得好像也OK。

总之，我是接受这个选择的。

陈瑜 在家学习，你每一天是怎么安排的？

定慧 一开始也是眉毛胡子一把抓，其实我父亲也没有想好。当时国学比较热，就让我读经，然后又发现了自然英语学习法，就让我去学英语，缺少一个更加长远的计划和目标。

我现在回头看，第一，这个学习过程的质量没法保证。我读经，心有没有在这里？我做一道数学题，是不是专注？我看动画片学英语，有没有主动去内化并且进行自我表达？……这些都没有。

第二，缺少结果的反馈。当时每天看一个小时的英语，但用这样一个时间长度作为衡量指标，会缺少反馈与结果的衡量，无法告诉我怎样进一步调整和迭代，也无法通过刻意练习的方式去提高成绩。

第三，到底什么学习内容重要？这个说不清。比如说，我搞一列学习计划，将我认为重要的东西列了一大张白纸，包括阅读、写作、运动、看电影，还有学校的课程，总之排满了，但在这里面，我该选择什么？

陈瑜 照你这么说，最初在家学习，还是碰到了一些问题。

定慧 是的。不过到了六年级，我开始在学校中保留学籍，每学期回学校参加考试。

现在看来，相比完全的自由发展，这个选择更明智，因为考试是一个外界的督促和衡量标准，它能够给你一个反馈，告诉你，你做得怎么样。

刚开始我的成绩还非常不错，但并没有持续很久，小升初就考得一塌糊涂。到了初中，有一段时间成绩越来越掉，越来越掉，一直掉到快要考不上高中了。然后我开始自我整合，把中考作为目标，再一点点突破上来。

陈瑜 在这个过程中，是你爸爸教你，还是主要靠自学？

定慧 我爸爸一开始会教我数学，也会督促我学英语，其他的科目，文科、物理、化学都靠自学，直到中考前半年，才到线下参加了培训班。

之前网课有看一点点，但也不多，都是自己学的。

陈瑜 你也会每天给自己布置一些作业吗？

定慧 初中的时候就这样。现在看起来，我的学习方法还不够完善，比如，某门学科学几个小时，或者把某一个单元推进多少页，是过关式的学习方法，但有可能更好的方法是改错题。

陈瑜 你会给自己制定课程表吗？

定慧 从初中开始，会制定阶段性的目标。

备考的时候，这个月专门推进化学，后面的时间去学历史。我记得当时我在百度百科上从一个词条跳到另外一个词条，去扩展阅读很多的知识。

如果一个阶段的主要目标是提升自己的思维，那么这段时间我会做一些思维训练题，以课题为导向，全部投入进去。比如分析一个案件，里面人物的心理是怎样的？需求点是什么？一道题我做一周，写出自己的基本思考，然后再去听听爸爸和老师的意见。

高中有一段时间，我参加了一个大学生的素食社团联盟，有 2~3 个月，我全情投入搞联盟的一场线下夏令营。后来，有 6 个月在准备会考。结束以后，又有一段时间全力投入学英语。再到后来，全身心投入创办自由学社。

每一个阶段，根据任务的不同，我的学习方式和时间安排都会不同。

陈瑜 总体来说，你每天大约会在学习这件事上投入多少时间？

定慧 在备战会考的过程中，我算了一下，大概每天 5 小时专注投入在课程学习上，最多 8 小时，但这其实不是很长的时间。

陈瑜 对啊，跟在校生比起来，好短的。而且这是你备考的投入时间，平时可能更少。

定慧 是。

陈瑜 那你更多的时间在干吗呢？

定慧 比如运动，初中有一段时间，我爸爸用一系列强制措施，让我养成了一个习惯，每天下午跑 10 千米去打太极拳，打两个小时，再跑 10 千米回家。我后来还拿了全区田径比赛 1500 米第一名。

我们搬家后，离秦岭山脉比较近，我就经常跑山，备战运动会，跑到山上一个水库，全程 14 千米，挺贴近自然的。

除了运动，还会读书、探索，还会在网上看很多东西，比如我在得到 App 上的学习时长，已经超过 1000 小时。

陈瑜 你后来高中会考成绩好吗？

定慧 是全 A。

陈瑜 哇，人家拼命刷题，也不一定能考全 A。

定慧 我觉得主要是我在初中的时候，开始自我负责吧。

初中有一两年，爸爸妈妈一上班，我就去打游戏。全年级 480 人，我排 350～400 名。那个时候就有些愧疚。然后我用初三一年的时间翻盘，把中考当作目标，运用我的一切资源和手段，自我驱动地去把这个目标搞定。

中考前的一次考试，我考了全年级前五十，最后，考上了我们地区排名第二的高中，当时真是一匹黑马。

当然，进入这种自我负责的状态，需要一些条件，比如说，父母的放手，有一个自由的空间，你可以去探索。有些自学生的家长会给他们很严格的框架和限制，那学生就会更加困难一些。

- 2 -

陈瑜 和其他自学生相比，你的整体状态是属于比较好的，还是说大家通常都这样？

定慧 我属于比较好的，可能跟我的身心能量有关系。回想起来，好像我很多时候一直在奋斗。

如果身心能量是一块电池，我最近一年平均电量在75～80分以上，电量处于比较饱和的状态。有些小伙伴会稍微低一些，没有那么多冲劲去干很多事情。

另外一个因素，有些小伙伴的家庭状况会更加封闭，资源更加欠缺。我拥有的资源和开放度，相对来说是比较好的。比如说，我想学一些在线课程，我爸爸妈妈是愿意掏钱的。我想去参加夏令营，他们也尽可能地支持。

也有些小伙伴做得比我好，最好的情况是他们觉得学校进度太慢了，在家上美国高中的在线课程，然后直接拿美国的高中文凭。像斯坦福就有这样的项目，我一个朋友的朋友，每天半夜爬起来上课。

还有英国那边的A-Level（英国高中课程），可以替代高中文凭，我的一个朋友没有初中和高中文凭，他打算用A-Level的考试成绩去申请大学。

在我看来，在学业方面他们会做得更好一些。

绝大部分自学生的状态不算太好，也不算太坏。如果是比较文静的女生，可能会学习比较专注，学习时间比较多；男生的话，会有各种各样的情况吧。

陈瑜 目前中国的自学生群体，大致是什么样的组成？

定慧 有抑郁症休学的孩子；有宗教背景家庭的孩子；有父母在

教育上有自己追求的孩子；有准备留学的孩子，他们不参加学校课程，直接考托福、雅思；还有个别高三生和初三生，他们考试前半年在家上学，这样的伙伴现在我身边越来越多；还有自考大学文凭的。

陈瑜 以你 8 年自学生的经历来看，你觉得在家自学，最大的难点和挑战是什么？

定慧 第一个挑战，是跟父母的关系。

你有更多的时间和父母待在一起，家庭问题会暴露得更加充分。而且当你和父母有一些矛盾和冲突，或者说你有一些学习或心理的问题时，会缺少同伴的聆听和支持。

就像我的父母，他们就不怎么懂得，或者说直到今天也不懂得如何处理我的抑郁情绪，当我有抑郁情绪的时候，他们就束手无策，也不管，其实这很典型。

而且在我看来，一多半的自学生会和父母有肢体冲突。过去一两年，我还曾被我父亲捶倒在地上。自由学社的其他伙伴也有类似的经历，甚至长期遭受来自家长的 PUA（情感控制）。相比之下，我父母还算比较好沟通的。

第二大挑战，是抑郁情绪。

有一部分学生是因为在学校感到抑郁才选择自学的，但在家以后，这样的问题依然要面对。

也有一部分同学，他们自己状态很稳，父母也懂一些心理学，他们选择了一种比较自由的生活方式。我有一个伙伴，他的父母在他小学四年级的时候卖掉房和车，买了一艘帆船到处漂。他们现在的目标是筹到足够的钱，买一个飞艇，在飞艇上办一所学校。像他这种就不存在这样的问题。

当一个人自学时，没有那么多跟伙伴交流的机会，身心和意识的空间也没有被课业所裹挟、所占满，那他的抑郁情绪会被更加真实地呈现出来，会有更深刻的体验。

当然我走出那一阶段以后，面对它反而成了我的天赋和特长，因为在没有人支持我的时候，我开始探索心理学，包括遇到一些老师，引导我去关注我自身的感受，在心理学这条路上越走越远。

陈瑜 你抑郁的时候，是什么样的状态？

定慧 我感觉我还好，没有很深的抑郁，只是略有感觉。

有时会很暴躁，比如说，我会面目狰狞，最严重的时候会去捶打家具、拿头撞墙等，包括生气的时候会把肺里的空气全部排出去，整个人紧绷起来。

更加平稳一些的状况，就是被我爸爸的一句话，打入了冰窖。

陈瑜 他说什么会把你打入冰窖？

定慧 那种比较有打击性、否定性或者说评判性的语句。可能在他看来，我的一些探索和尝试都是不值一提或者说没有什么意义的。

在这种情况下，我就进入了一种灰色的空间，抑郁情绪就萦绕在我的心神之中，会想很多，很难受。这种状态会持续 1～3 天，有没有更久我忘记了，总之会有这么一段黑色的隧道。但好像有那么一刻，忽然就走出来了，这种状态就消失了。

陈瑜 你最早出现抑郁情绪，是什么时候？

定慧 初二或初三。

陈瑜 那时发生了什么事情？

定慧 天哪，我都忘记了，有的时候是莫名的，有的时候会有原因。

陈瑜 什么样的情况会让你和父母有肢体冲突？

定慧 我和父亲爆发冲突，基本上是他认为我在撼动和质疑他的权威的时候，然后双方就开始了一种对峙。

有一个很经典的博弈场景，两个人开着车对撞，看谁先拐弯，如果不拐弯的话，就撞在一起。我就是那种硬头，一定要跟他撞，最后我们就撞在一起，直到他把我撞倒。

陈瑜 你会还击吗？

定慧 会，但好像经常打不过他。

到后来有一次，我就释然了，你打就打吧，反正我不服，他打我也打不了多疼，所以我就站在那里，或蹲在地上，那时我感觉好像会超脱一点。

陈瑜 是一种什么样的感受?

定慧 年纪稍微小一点的时候，我会很愤怒，我会跟他顶，但真正被打时的感觉……打个比方，当一头狮子扑向一头羚羊，把它咬住，羚羊会进入一种僵死的状态，它没有那么多的感受，也没有那么多的痛苦，就这样死掉了。

但是那些创伤的体验，那种强烈的情绪，以另外一种方式存储在身体里面，我认为是有这种情况的。

陈瑜 存储在身体里，变成自我攻击，可能会演变成抑郁情绪。

定慧 对。我是直到最近脱离家庭，有了自己的经济来源以后，再翻出一些旧账，跟我父母发火。

我跟另外一个朋友聊，他说他也这样干，至少让他们知道，“我之前就有这个需求，是你们没有做好”。这样一个真实的反馈，包括一些旧的情绪的重新表露，是他们成长的一个机会。

陈瑜 怎么翻旧账? 打电话回去把爸妈骂一顿?

定慧 我跟我妈妈上次打电话，我问当时我有抑郁情绪时，他们的态度和处理方式，然后问着问着，我的情绪就爆发了。

最近我知道我妈妈为了学投资，花了一万块钱去参加一个投资训练营，我想说：“你有那么多精力和那么多钱去学投资，在我当时出现抑郁情绪的时候，为什么不去学习一下该怎样更好地支持我?!”

陈瑜 他们怎么回复你?

定慧 我比较期待他们的回应是，我的情绪他们能承接住，他们能聆听，然后他们能告诉我，他们听到了什么，他们看见了什么，他们感受到了什么。

但实际上我收到的回应是，我妈妈感觉自己受到了指责，他们有自己的需求和困难之处，所以在我一开始情绪爆发的时候，我们都很难受。

因为我是做好准备沟通的，所以我也不怕这样的情绪爆发。爆发之后，我还会将我真实的内在需求、我为什么会爆发以及在这个过程中的感受，全部用文字写出来告诉他们。经过一段时间的沟通，彼此会更加理解一些。

陈瑜 这个处理方式很棒！

你刚才说，自学生主要的挑战，一个是和父母的关系，一个是抑郁情绪，其他还有吗？

定慧 其他都还好，只要你足够主动、足够聪明，都能搞定。

比如说，自习环境，在家里的学习环境不是特别好，你可以找自习室或者图书馆。还有学习方法、学习资源，可以去知乎、B 站多看看，多关注一些高质量的公众号，包括看一些书籍。我研究这个很多年了，现在在社区内部搞经验输出，我希望能整理出资料包。

还有跟学校的关系，跟社会的关系，比如，你是否要保留学籍？要不要出国？要不要拜一个师傅学一门手艺？……这也是一个自学生要面临的跟未来发展有关的议题。

陈瑜 你认为什么样的孩子适合当自学生？

定慧 要看情况，如果一个孩子在学校已经有抑郁症状，那么他在家自学会比在校好一些。休息一两年之后，也许还能再回学校。

自学如果想达到理想的效果，那家庭经济要稍微宽裕一些，父母要开明，有资源，能给你推荐一些导师，你能获得很多学习和交流的机会……我觉得这可能是最适合一个自学生的成长方式：与社会进行直接的接轨，然后找到自己的成长方向。最好本人也比较有内驱力，又很聪明。

如果学校限制你的学习地点、学习时间、学习内容，那么自学就是更加人性化和多元化的方式。这样一个具有开放性的机会，你是否有足够的能力抓得住？如果抓得住，就是福气；如果抓不住，那就是消耗。

- 3 -

陈瑜 这一路除了父母之外，你还接触到一些什么样的人，对你有比较大的影响？

定慧 在我初中的时候，我父亲把我送到一些体制外的教育活动当中，有夏令营还有体验营。

让我印象比较深刻的是，我初二升初三的暑假，去云南参加一个创新学校的夏令营。在老师那里，我真实的需求能够得到回应，能被看见，能被倾听。对于当时的我来说，就像甘露一样。

可能在我父亲看来，我的理想状态是成为一个好的修行者，专注于精进内在。如果要走世俗的道路，最好去读硕士，获得大学这个平台的加持。但这不是我想要的。

那里的老师能支持我，同时给我一些引导，让我去思考如果我想在这个社会上获得成功，获得有价值的人生，需要哪些核心价值观，需要具备哪些特质。比如，他们主张你要做一个经营者，而不是一个消费者，要自我负责，追求卓越，不断地自我反思，自我成长，真诚坦率，有自己的方向和追求的目标。只有做到卓越，才能跳出大环境的束缚，否则平庸的代价更大。

当时我们会在饭前念《至上词》：高贵之人不断追求卓越，庸人在欲望中沉沦，我要成为哪种人？庸人吗？不，我绝不允许自己的一生被这样浪费，我要严格要求自己的一言一行，成为一个至上的人。

看起来有一点像“洗脑”，但是 13 岁的我正处于迷茫的价值观塑造期，它给了我一种信念，我从老师身上看到了这样的品质，我也很想成为他们。可以说他们深深地感染了我，直到现在依然影响着我的人生。

所以我当时一心想摆脱考试，离开家，到我心目中理想的创新教育学校去。但我父母觉得那种学校没有文凭，不是很靠谱，再加上学费一年12万，有经济压力，所以不让我去。很长一段时间，我和父母的冲突，就是这种方向上的冲突。

我特别希望父亲可以两手一摊，坦率地说“我们支持不了你”，而不是否认一个孩子的需求和愿望，你就承认自己力不从心就好了。

如果我父亲可以帮助我在现实条件下基于我的需求和心愿去做一些什么，比如，为我找更多不同的导师，我想对于当时的我会是特别大的支持。

陈瑜 我懂，但其实对很多家长来说，承认自己力不从心，是对自己的一种打击，爸爸妈妈有时候承受不了。

定慧 对，是的。

当时我父亲会跟我做理性分析，比如，走学校那条路我能获得什么，在创新教育学校有怎样的利弊。我似乎受一种潜移默化的影响，就是在决策时，开始越来越多地用自己的头脑去分析哪条路更好一些，而不是跟着内心去找自己真正想走的是哪一条，在哪一条路上能得到更多的滋养，能照耀到自己。

陈瑜 你本来是倾听内心，现在会权衡利弊，你觉得是多了一个维度，还是说你想摒弃掉那些潜移默化的影响？

定慧 看适用场所，比如，在选择方向的时候，还是要跟着内心走。同样地，我觉得有必要强化思维能力，决定方向后，再用智慧去思考该怎样去实现这一切。

- 4 -

陈瑜 这么多年，你怎么解决和同伴交往的问题？

定慧 没有解决啊，我回不到学校，又没有伙伴，直到创办自由学社。

陈瑜 中学阶段的同伴关系特别重要，缺失的话，会痛苦吗？

定慧 会。一直以来，我都想找到知己，好在现在这些需求，都能得到满足了。

陈瑜 当时无法得到满足，那怎么办呢？

定慧 没办法，只能渴望。

陈瑜 是很深的孤独感吗？

定慧 对。虽然好像也挺习惯的，但还是渴望着碰到这样一个人。现在遇到了更多越来越契合的人，能够“交心对弈”，能相互切磋，到达一种境界，然后又能彼此深入交流。

陈瑜 那会儿没想过，我好孤独啊，回去上学算了？

定慧 不可能，我拼命地想要离开家，但是我离开家，不是想去学校。我想去创新教育学校，那里能给曾经的我归属感。

因为我被他们的价值观和思考方式影响。我跟学校的伙伴其实没有太多的共同语言。

- 5 -

陈瑜 你现在回望整个在家自学的8年，从满意度的角度，你觉得可以打多少分?

定慧 比较高吧，我能给过去八九年的人生打到七八十分，因为我走出来了，有自己的目标，过去自学的经历也能成为我在新阶段的一种独特的价值，能够带给这个世界一点不同的可能性，我也可以从中汲取到营养，去滋养我自己。

但是在之前自学的过程当中，我不会打这么高分，特别是在经历一些挑战的时候，就真的不喜欢。

陈瑜 不喜欢什么?

定慧 不喜欢这样一种不上不下，自己的需求没有被看见、被满足的状态，有时还有一些抑郁情绪。

陈瑜 假设让你重来一遍，回到10岁，接下来8年要在家里学习，你现在有经验了，会做些什么改进?

定慧 如果这些经验是：我知道怎么更好地自学了，我有一套成体系的自学方法，我有一些信息源，比如说，我知道成长教练能替代我的父母回应我，我也知道可以通过互联网去寻找更多的信息、寻找自己的伙伴……假如我有这样的认知和能力，假如我当时有现在这样的身心状态，有更好的对待自己的方式……假如这些都具备了，那……那……那……

陈瑜 那对一个 10 岁的孩子是不可能的。

定慧 哈哈，其实挺难想象的。

- 6 -

陈瑜 创办“自由学社”，的确把你过去自学的经历变成了独特的价值。为什么强调“自由”？

定慧 自由学社是一个自学生的联盟，另一位发起人寇麟提出了我们的口号：“学校没有围墙，学习生而自由。”

我一开始做，有两个动力：第一，我缺伙伴，可能绝大多数的自学生都会有这个情况；第二，我想要搞点事情，并把这件事情做成，原因是我当时在网上了解到一所国外的创新大学 Minerva，想去申请。他们的考核标准很独特，不看 SAT（美国高中生学术能力水平考试），不看托福，而是观察你有什么 achievements（成就），给奖学金，录取率只有 1%。

这件事情推了我一把，让我觉得自己一定要去做些什么事情。

当时正好遇见两个女生，她们也在家上学。我们一开始讨论，有人想支教，有人想做读书会，总之比较散。经过一番头脑风暴，发现可能“在家上学”这个领域目前最缺人做，而这方面我们恰好有一些特长，所以就搞了。

陈瑜 那是什么时候的事情？

定慧 2019 年春天，4 月以后，当时我才刚参加完高中学业水平测试，拿了高中毕业证。

陈瑜 没想着接下来继续参加高考？

定慧 没有，我因为想去 Minerva 大学，所以就决定放弃高考了，然后全心投入创办自由学社。

陈瑜 你父母支持你放弃高考？

定慧 Minerva 大学既符合我对于教育创新、社会实践、实现自己人生目标的期待，也符合我父母让我上一个大学、有一个文凭的期待。在那个点上，我们达成了统一。我父亲很开心看到我有一个可以追求的目标大学。

陈瑜 从这个角度来说，你父母也算是开明了。

定慧 是的。

我当时搞了一些社群活动，包括英语角分享会、写学习计划、互相督促打卡等等，尝试各种各样的形式。

我第一篇正式传播推文发出后，有一个小的爆发期，联结了几十个自学生和上百个自学的家庭。我当时建了两个群，一个针对孩子，一个针对家长。

但是，这时候又面临两个困境：第一个困境是，我们内部团队的协作出现了问题，可能我作为一个信息中心，代表团体发声，获得了更多的资源，很多人就直接来找我，而其他小伙伴帮不上忙，觉得自己被边缘化了。所以很长一段时间，我们团队内部分崩离析，再加上大家都是自学生，比较缺乏工作经验，能力也欠缺，所以当流量涌进来的时候，不知道怎么搞，怎么把它做得更好。

第二个困境是面临一个选择，我们到底是做一个在家上学的平台，还是做一个自学生的社群？因为如果要做一个平台，需要照顾家长的需求，但当时我没有能力去组织家长共学。后来我们决定先专注做好学生社群，这是我们更加独特的部分。

从初创开始，我最大的感受就是焦虑：我该怎样去将自学生联结起来？怎样给大家提供支持性的服务？怎样让团队去中心化，让大家更加自在地成长？如何进一步为社群获得更多的流量？如何去设计一个很好的服务？……会思考各种各样的问题，很焦虑。

这种焦虑一直持续到了现在，我一直在尝试去解决这些问题。现在，我给自己的交付打 50 分。

陈瑜 哪一半满意，哪一半不满意？

定慧 第一，我们用一些功能性组件，搭建了一个类似于网站的平台，目前大概有600人订阅了。

一个自学生登录进来，能在这儿找到一些自己需要的信息和资源，也有明确的路径告诉他，怎样加入我们的自由学社。

我们创造这样一个信息流通环境，比如说，同学A发起了一个英语角活动，同学B发起了一个高考备战室，同学C发起了一个连麦自习群，同学D发起了一个监督学习群……这些路径在那个网站上都能找到，大家可以直接联系到发起者，然后加入进来。

伙伴们也可以发布自己的学习计划，一周后再来做复盘。我们也会组织每周的分享会，多则三四十人在线参加，少则十几个人，大部分是中学生。

第二，团队也逐渐成形，目前团队成员共4个，核心创业者有2个。去中心化也搞得很好。我们现在有七八个群，每个群几十人到上百人。在我完全没有管理的情况下，有6个不同的兴趣小组自然发起，我在尝试提供一些基础建设。

第三，我会给社群成员提供一对一的支持，将我做社群或者做活动的经验分享给他们。这也是我下一步想要打造的产品，就是说将自由学社一年半以来做社群活动的一些经验整理出来，做成一个资料包，也许可以实现经验的传承，让那些发起活动的学生知道怎么去标准化地运行。

扣分项有两方面：第一，资料包没有整理出来；第二，我们的团队没有形成内聚力，还不能一起打一场大仗。

陈瑜 你理想中是什么局面？

定慧 我希望有好几个部分，自学生是最外层，公众号的关注者在里头一层。

大家进入一个自组织的社群，你可以像查看地图一样找到各种各样的兴趣小组，你也可以加入非自由学社伙伴发起的外部兴趣小组，然后形成一个兴趣小组的生态网络。

我需要设计出一个成长路径，比如，一个高二学生离开了学校在家上学，这时候他获得了自由学社的支持，找到一些小伙伴在一起监督打卡。等他高中毕业，进入大学，开始更深入地进入自由学社团队，习得一些线上社群运营和公众号运营的技巧，然后成为这个团队的一分子，为平台和组织出力。最终那些真正有潜力、有想法的伙伴，能够成为社群未来的核心。

我希望设定好传承机制，这样的话，哪天我离开了，他们也能继续走下去。

陈瑜 你现在就会想到离开？我以为至少在比较长的一段时间，你会一直做下去。

定慧 要看定位，如果说自由学社只是一个社群活动的平台，能联结自学生，解决大家找伙伴的问题，那我觉得它其实已经做得很好了，可以继续保持这样一个状态，小而美。中国也不是自学生很多的国家，提供一些比较知识性、基础性的服务，已经足够了。

但是如果说要继续走下去，肯定就需要重新定义，或者在这个社群生态网中再孵化出其他的项目。

比如说，有的学生对某个方面感兴趣，在初中的时候已经找到了自己的方向，但因为整个社会包括父母的压力，他只好参加高考，那么他缺少离开学校之后的一个确定的成长路线。

再比如说，一个家庭希望送孩子去创新教育学校，但出于种种原因，经济、家庭、文凭等种种因素，最终没能实现，他们愿意为孩子创造更多的机会去自我实现，找到自己的方向和价值，却没有创新教育学校的服务能够陪伴这样的家庭的孩子成长。

我想去创造一种确定性，让那些想要实现自我成长的伙伴，能够走上这样一条道路，通过 Life Coach（生命教练）、通过社群、通过很多的社会资源，支持孩子去更好地走一条从自我成长到最终实现独立的道路。

家长可能会担心这条路到底能不能走出来，如果我找到一群靠自己的能力走出来的小伙伴，包括我自己，有足够多的案例，再把大家的经验都整理出来，那可能会让家长更放心。

我也很确定，这条路绝对不是对抗体制，我会将它定义为一种给孩子的支持、一种对教育不足的补充。

我觉得这有成为一种新的教育的可能性：在应试教育、体制外创新教育这两种选择以外的第三种选择。这个想法是三四个月前冒出来的，最近我已经开始行动，希望过一两个月能够做出 1.0 版本，在公众号发布。

陈瑜 其实你们在蹚出一条路来。

定慧 对。如果整合一系列的资源和服务，打包成一个品牌，比如说，一个“未来实验学校”，它没有固定的校址，可能大家这个月一起在北京，下个月一起去上海，当某个小伙伴去上海游学，他能直接找到当地的团队伙伴和相应资源——是这样一种开放学校的形式。

如果有一天它时机正好，资源充沛，也有足够丰富的内容，我希望能将这样一种理念输出。

虽然现在还没有准备好，落实的过程中会遇到各种各样的挑战和艰辛，甚至会怀疑这是否只是一个幻想，但我觉得这件事是有意义的。

陈瑜 这一代孩子里有不少人，他们的知识面、获取资源信息的手段和能力、思考问题的深刻程度，都是超越学校教育的。如果学校之外还有一个成长的平台或一条成长的路径，可能会给孩子们的学习创造新的可能性，当然也能给不适应学校教育的孩子提供一种支持性的选择。

你描绘的图景很吸引人。

定慧 我想再补充一点，我在得到 App 听到罗老师提到他对学校的定义：第一，你在这里能获得知识面的扩充、能力的提升；第二，获得一个社群和一系列资源；第三，获得一个信任背书，你这个文凭能得到社会的认可——一个开放性的学校也要提供这三点。

- 7 -

陈瑜 你会给自己做一两年或三五年的规划吗？

定慧 说不好，我一直在给自己做规划，但总是被现实打脸。

从 10 月到现在，我已经有好几个人生规划了，但是每隔一段时间就会变化。比如这次来上海，是来上课的，但没想到能给自己找到这么多工作机会。

现在有很多条道路在我眼前打开，很多有意思的事情值得我去做。因为机缘巧合，我开始做自由学社，因为有了正反馈，让我在教育这条路上越走越远，但我不确定这会不会是我的人生目标，或者说我会把这条路走到哪一刻。

如果真的不愁钱了，也许我会玩艺术，我也是一个很喜欢即兴艺术、即兴创作、即兴表达的人；也有可能去做疗愈，通过不同的方式，支持那些患上抑郁症的伙伴……假如我有时间、空间、金钱上相对的自由，会有很多可能性，最终要走哪条路，还不确定。

我父亲其实是一个比较闭塞的人，他根本想不到有这么多的可能性，他总觉得我做的事情不靠谱，所以今年，我觉得我必须离开家，去社会上闯，找到我的空间。

陈瑜 你现在的经济来源是什么？

定慧 我在广州实习，一个月到手 4000 元多一点。父母给我掏住宿和伙食费，我所有的收入全部用在参加各种培训工作坊，亚龙团体、疗愈按摩、即兴接触、教练技术、脉轮舞动，还有其他一些在线课程……可以说我多年以来想上的课，基本上都快上完了。

陈瑜 实习结束后有什么计划？

定慧 实习结束以后，会找两份兼职。我在社群运营、线上运营这块儿打下的技能基础，加上对于创新教育、社会创新领域的探索，已经让我收到了三份工作邀请，有两份应该争取一下就能拿到，所以我发现自己没有文凭也能在社会立足，还可以在不同的工作中选择最有利于自己成长的，就很惊喜。

目前先这样赚钱维持自己的生活，其实我还是要去找自己真正的核心价值点在哪里，我不希望只停留在一个运营的角色里。

陈瑜 如果实在混不下去了，可以回家吗？

定慧 可以。

陈瑜 不会觉得这是失败或者什么吗？

定慧 如果我现在想挣钱的话，可以找工作；如果我想心无旁骛地读书，也可以回家。

如果要申请国外的创新教育大学：第一，把英语搞好；第二，做出一些独一无二的项目；第三，我想去国外生活一段时间。因为这所大学第一年在美国，后来每半年换一个国家，所以我需要适应外国的环境，要能熟练地使用自己的能力。

在国内我会搞线上沙龙工作坊、会分享、会写文章，当我到一个英语世界，因为语言的障碍这些能力都发挥不出来，那可不行。

如果要给自己定一个目标，那我希望我在英文世界能赚到钱，至少能覆盖一部分的生活开支，证明自己有足够的英语水平了，再去上大学，这样价值最高。

- 8 -

陈瑜 你觉得自己跟一路在校求学的孩子，有什么区别吗？

定慧 是这样，如果说你是一个自我意识觉醒的人，一个在寻找自我价值的人，不管你在校内还是校外，大家都是能说到一起去的。

相比自学生的身份，我更加认同自己是一个自我意识觉醒者、自我价值的追求者，或者说我希望我清醒地走在这个世界上，并为这个世界创造一些改变。

陈瑜 所以区别不在于你在哪里上学，以什么方式学习。

定慧 对。对于自由学社，因为曾经的我跟自学生群体有更多共性的经历，所以我现在更多的是以一个支持者的身份出现。

陈瑜 那些自学生在你们的平台上，有切实的收获吗？

定慧 如果他们的需求是能在这里聊天、求助、讨论，那么我觉得他们的需求能被满足。比如说前段时间有一个患有双相情感障碍的伙伴，在群里说他的父母不信任精神科大夫，偷偷把他抽屉里的药给扔了。

他有这样的痛，在群里说出来，会有一群伙伴围上去给他回应，里面也有其他患有双相情感障碍的伙伴。

陈瑜 你觉得这样的回应会对当事人有什么样的帮助？

定慧 至少，会让他们觉得自己不是孤独的。

采 访 手 记

少年大不同，呼唤更多的可能性

一个 18 岁的少年，通过自己的经历、思考和行动，在创造一种新的教育的可能性。

这事倒推 10 年都不可想象，可今天，它发生了。

当孩子们不满足于现状时，他们奋而起身，成了积极的拓荒者和变革者。往后 10 年，我相信会有越来越多的孩子，去尝试蹚出一条条不同的路来。

希望这个社会能够充满善意地对待他们的成长，孩子们可以自由地选择长成大树、长成灌木、长成小草，每一株都是独立的存在，无须比较。

而我们要做的，就是为孩子们长成自己的样子，而鼓掌。

后记 | 少年发声——给孩子的邀约信

如果一个大人跟你说，我们聊聊吧，你的第一反应是“算了吧”“烦死了”还是“我们没什么好聊的”？

如果你想试试，我大概算大人里比较“好聊”的。没错，我在向你推销自己。

我做了将近 20 年的媒体工作，天哪，这么一说，你千万别把我想象成无法沟通的老阿姨。

其实早在 8 岁的时候，我就立志当一名记者，因为我对人、对世界充满好奇，而记者这份工作就是一直在提问、在探究。

再大一点的时候，更加懂得“铁肩担道义，妙笔著文章”的寓意。于是，我的职业理想便早早确立，一路都往这个目标而去。

在当记者和创办了“人生大不同”和“少年大不同”之后，我采访了各行各业的很多很多人。之前做了李银河老师的对谈，她是中国著名的社会学家。晚餐的时候，她对我说：“你是这么多年采访过我的记者中，最让人舒服的。”

这么引用别人的话夸自己，真不习惯，我只是想传递一个信息：“舒服”是我在意的谈话状态。

谁都会经历懵懵懂懂的阶段，说起来很有意思，大学刚毕业时，我跑政法线，常常去看守所和监狱采访犯罪嫌疑人和犯人。

有一次，得到一条线索，一个50多岁的男子通过婚介所，一年内诈骗了200多位中年妇女。这当然是一个上佳的社会新闻选题，我兴冲冲地去看守所采访。

结束后，相熟的通讯员提醒我说：“你看他的眼神，没一句真话。”

我愣了：“你觉得刚才他跟我说的这些，其实都是骗人的？”

“嗯，看他眼神就知道他在编。”

可是，我不知道。学养不够，阅历不足。

所以，为了当一名好记者，我去系统地学习了心理学，通过了国家二级心理咨询师的考试。

最初学习，试图读懂人心，可是心理学对我实实在在的帮助，是让我在新闻工作中追求真相的同时，多了一重理解当事人的视角。我自己都能体会到，我和被访者的对话越来越聊得开，越来越“舒服”。

媒体＋心理学＋公益＋家庭教育，是我的从业背景，其实万变不离其宗，我依然对人、对世界充满好奇，并且试图通过自己的努力，解决一些社会问题。

我还是一个母亲，当妈当得还蛮有滋味的，因为跟着孩子重新成长一遍，实在很有意思。

我不是鸡血妈妈，不是那么在意分数，我比较在意孩子每一天的情绪和感受，比较在意他是不是具备面向未来的底层能力，比较在意我们母子之间的沟通是不是兴味盎然。所以我花了很多的心思在寻找平衡，让他能适应当下的教育，又不被这样的教育伤害。

10年前，说到面向未来，我们以为那就是昂扬向上的意思，但今天，未来充满了巨大的不确定性。教育毫无疑问需要革新，我们要让中国教育配得上今天的孩子，要让孩子有能力在未来开疆拓土。

我写下这些文字，其实是发出一份邀约：

00后们，如果想聊聊，可以联系我，不是采访，不是咨询，是想聆听你的经历、感受和想法。看看“少年发声”能不能透过孩子的视角来重新检视今天的教育，看看我们能不能一起推动些什么、改变些什么。

"少年发声"
愿成为你的树洞

扫描添加下方二维码
发送暗号：少年发声

我是陈瑜 @ 大不同
我一直在

最后，感谢所有参与"少年发声"的孩子们，谢谢你们的真诚和信任，我视若珍宝。

同时，感谢我的伙伴刘斐雅、李敏岚、郑翌、卢景红、黄鑫鑫，感谢中信出版社的李静媛主编和陈佳迪编辑；感谢我们家的老丁和小丁子，让我在"妻子"和"母亲"的角色里，满是幸福！

陈 瑜

2021 年春

○ **晨晨**

感谢真实的分享，比任何道理都发人深思。

○ Fanny

“让他的爸爸妈妈能够真心接受，孩子来到这个世界上，看看月亮，看看星星，看看日落日升，那也是可以的。”

这句看完，我这个初二学生的妈妈眼泪一下子哗哗地流下来……

○ **崽崽妈妈**

小朋友把心里话都向您倒了一遍，真的帮助很大。

通篇看下来，感觉对孩子的想法有了完整的了解。我把您这篇文章也发给孩子的爷爷奶奶看看，让老人家也了解一下他的想法。

最近我们的亲子关系好多了，我和孩子爸爸都是尽量多鼓励孩子。我先生专门把那篇访谈收藏起来，有时候觉得自己要受不了孩子了，或者觉得自己情绪要有问题了，都会翻出来再读读。

陈老师这个栏目办得太好了，让我们做家长的可以了解孩子内心的想法。

○ **那朵雏菊**

真的不能小看每个小人儿，一个个机灵通透的。

○ **最初的茉莉**

真实的孩子的心声，默默看完，好心疼。

家长确实应该与孩子同步成长，尤其是母亲，应该在孩子成长的每一步中，给他帮助和温暖。

○ CalCH

非常好的访谈，非常好的创意，是拨云见日疗治中国教书育人中的顽疾的一剂良方。

○ **刘玉芳**

父母的情绪是家庭的底层程序，底层程序不稳定，难免会死机。通过青春期的孩子发病，才把家庭的问题检测出来，未免代价太大。

○ **闵小云**

每一期“少年发声”都会看，对于我们这一代家长有太多指导的意义。从这里可以回看自己。

○ **文静**

孩子的思想真通透，成熟度高，我们这些成年人都不一定会思考那么深刻。希望我以后也能和孩子这样相处，跟他探讨人生和生命。

○ **丫丫**

由此看来，家庭教育对孩子的影响是巨大的，父母早点明白就好了。

○ **石越男**

心疼，很多这一代人都是这么过来的，有时候暗夜里都感觉莫名的恐惧，而这些恐惧恰恰是来自自己最亲的人。

我们需要不断提醒自己，要情绪稳定，不断调整，作为家长，陪伴是一场修行，要不断突破自己的焦虑，沉下心来，在这个杂乱的世界里用心对待孩子。

○ **Jamie**

孩子的内心世界多么层次丰富、多么美好。

○ **团子**

我们做家长的要拿捏好分寸，让孩子感受到他们是被爱着的，感受到父母是可以被信任的，不要在孩子受伤的时候再撒上一把被称为“爱”的盐。

○ Carly

希望孩子能走出来，也希望家长可以走出自我的局限。

我也是个焦虑的家长，每天都在纠结中度过，生怕因为自己的局限，误入迷途。

祝福所有孩子和父母活出真我，谢谢“少年大不同”，从线下活动，到线上文章，每次相遇都是一次修行。

○ **天天妈妈**

每一篇文章都写得特别真实，对我的触动启发特别大。为每一个生命的存在而感动，父母的教养方式，对孩子的性格形成影响深远。

感谢你让我对孩子多一份了解的同时，也多了一份放心。信任孩子，是我接下来要更加努力做好的功课！感恩遇见你！

○ Ada

天下的父母一定要帮孩子守住最后的底线，不管其他人怎么评价，父母的头等大事就是保护孩子，让他有地方倾诉、哭泣、发泄。

○ Vivian

昨晚我家孩子看完哭了很久。做家长，情感上要坚定地支持孩子，当孩子回家跟你反映学校或老师的问题的时候，你首先要无条件地相信孩子，不要立刻断定是孩子不能扛压，不够坚强。

家长要和孩子一起努力，对抗外界的压力。

○ Fiona

感谢你写下这篇文章！很感动，也很触目惊心。社会的压力和个人成长的局限真的会让我们家长有意无意地把价值观强加在孩子身上。每每看到这样的文章，对我们都是一种点醒。

○ **宣宣妈妈**

陈老师，昨天和您谈完以后，宣宣有非常明显的变化，和他沟通时感觉他的配合度有很大的提升，主动把自己乱七八糟的书桌整理干净，也开始整理床铺了，晚上到点主动交手机……感谢您拿出自己宝贵的休息时间耐心听孩子的心声，能感觉到您是真正懂孩子、爱孩子，热心帮助每一个热锅上的家庭，是真正有大爱的人。

○ Ting

看完文章触动很大，比起孩子的生命，其他都不重要。

○ Yvonne

静待花开，成长中的母亲最美。能放下家长欲、教养欲的父母值得点赞。

○ **lfy**

家长都有让孩子考到好中学、好大学的想法，这背后的逻辑就是以后可以有个好工作、高收入，可以过得舒服一些。但像中高考这种选拔性质的考试，就是要刷掉一部分人的。如果未来各种类型和层次的职业教育、技能教育、社会教育发展成熟，孩子的压力就没这么大了吧。就像《新华字典》中的例句："张华考上了北京大学；李萍进了中等技术学校；我在百货公司当售货员：我们都有光明的前途。"

这不应该是个梗，而应该是我们教育的目标。

○ **小青**

看了想哭。作为家长没能给予孩子帮助，反而造成那么多伤害，多么不应该。心疼孩子那么积极向上，那么辛苦地面对来自学校和家长的双重压力。作为一个妈妈，我也要好好反思，看看我给孩子更多的是帮助还是伤害。

○ **小河有艾**

"少年发声"非常有意义、有创意，我读每一篇都非常感动。

祝福所有少年，愿我们不断成长，每个人都能归来仍是少年！

○ **铃印**

让我们一起守护孩子们！